LA SOCIOLOGÍA DEL DERECHO DE THEODOR GEIGER

SERIE INTERMEDIA DE TEORÍA JURÍDICA Y FILOSOFÍA DEL DERECHO N.º 6

Theodor Geiger

TEODORO DALAVECURAS

LA SOCIOLOGÍA DEL DERECHO
DE THEODOR GEIGER

SANTIAGO PEREA LATORRE

Traductor

NICOLETTA BERSIER LADAVAC

Editor

UNIVERSIDAD EXTERNADO DE COLOMBIA

DALAVECURAS, Teodoro

La sociología del derecho de Theodor Geiger / Teodoro Dalavecuras; traducción Santiago Perea Latorre; editor Nicoletta Bersier Ladavac. – Bogotá: Universidad Externado de Colombia, 2009.

178 p.: fotografías ; 24 cm.
Incluye bibliografía.

ISBN: 978958710400 4

1. Geiger, Theodor, 1891-1952 – Crítica e interpretación 2. Derecho y sociedad 3. Filosofía del derecho 4. Interpretación del derecho I. Universidad Externado de Colombia **II.** Título

340.1   SCDD 15

Catalogación en la fuente -- Universidad Externado de Colombia. Biblioteca

Febrero de 2013

ISBN 978-958-710-400-4

© 2009, 2007, TEODORO DALAVECURAS
© 2009, 2007, NICOLETTA BERSIER LADAVAC (ed.)
© 2009, SANTIAGO PEREA LATORRE (trad.)
© 2009, UNIVERSIDAD EXTERNADO DE COLOMBIA
    Calle 12 n.º 1-17 Este, Bogotá
    Teléfono (57 1) 342 0288
    publicaciones@uexternado.edu.co
    www.uexternado.edu.co

Primera edición: junio de 2009

Diseño de carátula y composición: Departamento de Publicaciones
Impresión y encuadernación: Xpress Estudio Gráfico y Digital S.A.
Tiraje: de 1 a 1.000 ejemplares

Impreso en Colombia
Printed in Colombia

Traducido del italiano: *La sociologia del diritto di Theodor Geiger.* Copyright © Thémis, Centre d'Etudes du Philosophie du droit, de Sociologie du droit et de Théorie di droit. Genéve, 2007.

CONTENIDO

PRESENTACIÓN

Richard Tovar Cárdenas

Demos la bienvenida a una edición estupenda que quiere hacer justicia a un autor, Theodor Geiger, mal conocido y poco traducido, ya sea al idioma inglés o al español; la presente viene a cumplir parte de esa deuda que la sociología jurídica de habla hispana demandaba desde la edición del Fondo de Cultura Económica de 1983 y de la cual no existen comentarios ni recensiones que la hagan habitable en los círculos universitarios. La teoría sociológica y la sociología del derecho, si bien, de alguna manera, atienden las enseñanzas de Renato Treves, inspirador directo y consciente de la obra que ahora se publica de Teodoro Dalavecuras, la cual a modo de glosa de su contenido estaría mejor denominada bajo el subtítulo de "Sociología Jurídica", puesto que se ocupa del desempeño del derecho en la organización social, y así mismo de la manera que se constituye la teoría jurídica como teoría del derecho, inextricablemente unida a la realidad sociológica en donde se desarrolla y se construye. En otras palabras, quiere dar cuenta de las constantes en el mundo del concepto jurídico y de su variabilidad empíricamente constatada, llámese cambio, o transformaciones del derecho, objetividad que se anuncia como una cualidad puntual y sobresaliente de Theodor Geiger en el desarrollo de sus artículos, lecciones y en la preparación de libros que nunca se publicaron en vida del autor, como aquel que motivó mi entusiasmo y admiración juvenil por el sociólogo en mención, obra a la que me referiré más adelante.

La vigencia de Geiger sorprende al siglo XXI a los cincuenta y siete años de su muerte prematura e insólita; que de alguna manera nos recuerda a quienes cultivamos estas áreas, con perplejidad, cómo la esperanza de vida de los sociólogos más renombrados no superó los sesenta y cinco años, si pensamos en Durkheim, Erlich, Weber, Comte, Marx, etc.; sin embargo, esta circunstancia más bien sirve para caracterizar los aportes más sólidos que conforman la espina dorsal de la historia de la ciencia social.

La obra de Theodor Geiger se ha convertido en un estudio recomendado y urgente por la vigencia de sus contenidos y la anticipación de problemáticas sociales, que para algunos especialistas como los de la sociología de la educación y la sociología de la estratificación social lo han designado como padre de estos desarrollos teóricos, y qué no decir de sus planteamientos novedosos sobre la acción de grupos como los sindicatos y su caracterización empírica de las clases sociales que no pueden ser producto de una categoría abstracta sino que se van conformando en el aquí y ahora de la praxis social en atención a instituciones, empresas y desarrollos de intereses de grupo. Su aporte más desafiante consiste en anunciar el efecto, no ya de la lucha de clases, ni de las reivindicaciones sindicales, sino lo que Ralph Dahrendorf, a veinte años del fallecimiento de Geiger, denomina el fenómeno de la desesperación cultural y que en la obra de Michael Hardt y Toni Negri es expresado como el fenómeno que caracterizaría la acción de las multitudes en la sociedad posmoderna. Geiger encuentra el papel revolucionario de las multitudes en las sociedades de posguerra, en una de sus obras no publicada aún en español, *Crowd and Pathos*.

La personalidad de Theodor Geiger, siempre acucioso y preciso, buscaba el análisis pertinente, lo que se convirtió en un hábito intelectual ya sea al plantear la necesidad de una observación empírica o de un ordenamiento meticuloso que decodificara el significado escondido de los juicios de valor y diera cuenta de la realidad más consistente e irreductible ante la permanente amenaza de lo ideológico del entorno político, económico y social. Esta actitud les resultaba incómoda a los círculos académicos con los que trató, ya fuera con la escuela de Upsala o en la interacción con sus colegas de universidad, que aunque para Geiger fue altamente formativo y maduró su criterio y conocimiento de la sociología, no dejó rastro de su influencia universitaria ni de un merecido reconocimiento por la autoridad de su obra, y es que la virtud de replantear y reconstruir como instrumentos del análisis sociológico no le granjeó la amistad de sus pares. Fue militante del partido socialdemócrata, crítico y opositor del nacional socialismo; además de la severidad de sus observaciones a los intelectuales complacientes con la ideología (según el entendimiento del término por Geiger), alertó sobre la complacencia de los intelectuales a los intereses políticos del momento y utilizó el análisis para encontrar el prejuicio, las valoraciones inauténticas y los dirigismos e integrismos autoritarios, tratándolos no como generalizaciones sino descubriéndolos en cada caso con un método empírico y sociológico con el que desarrolló su sociología política y jurídica.

El prefacio de Nicoletta Bersier Ladavac, afortunada síntesis de lo que es y de lo que trata el presente libro, debe ser leído con detenimiento para obtener una ubicación objetiva de quién era Geiger y cuáles las vicisitudes de su obra.

También, por la actualidad de la interpretación en la perspectiva de la sociología del derecho del siglo XXI, escribe Morris L. Ghezzi en la introducción a este texto, una aguda relectura que no solamente recupera la vigencia del proyecto geigeriano sino que le da un alcance perfectamente novedoso en un eximio análisis que deja abiertas las puertas para desarrollos ulteriores y de honda significación.

La lectura de la mencionada introducción nos remite de nuevo al maestro Renato Treves quien guió la investigación del profesor Delavacura como uno de sus más antiguos discípulos, pero que desde la fundación del Instituto Internacional de Sociología Jurídica en 1988, que tiene por sede la antigua Universidad de Oñati en Gipuskoa del país vasco, se vincula con el desarrollo del Externado de Colombia que desde la Especialización en Sociología del Derecho y luego en el Doctorado de Sociología Jurídica por medio de convenio activo desde 1994 ha contado con el intercambio docente y pedagógico de aquellos otros discípulos que desde la Universidad de Milán han desarrollado su docencia y han publicado su obra como el propio autor en mención, y Vincenzo Ferrari, profesores de los cursos de sociología del Externado de Colombia.

Corría el año 1972, y como si fuera hoy evoco la ocasión en la que aún siendo estudiante de quinto año de derecho me topé en la librería Bucholz un atractivo libro, de Amorrortu Editores, que llevaba por título Ideología y Verdad de Theodor Geiger, el cual le dio rumbo en buena parte a mi actividad intelectual como abogado litigante y luego como profesor de tiempo completo del área de sociología del derecho en el Externado de Colombia. Valga la anotación, que hube de esperar doce años para encontrar otro texto en castellano de Geiger del Fondo de

Cultura Económica denominado *Estudios de Sociología de Derecho* de 1983; en la década inmediatamente anterior en nuestro medio académico de entonces circularon solamente algunas noticias y artículos sobre el autor, y algunas conferencias como las del inolvidable profesor José "Pepe" Torres, hasta llegar el momento de presentar la edición que nos ocupa; sin embargo, en fuentes distintas a las bibliográficas encontramos colgados en la red aportes como los del profesor Raimundo Drudis Baldrich de la Universidad de Castilla La Mancha.

Retrospectivamente me veo en el espejo de esta formación, y recuerdo con nostalgia y admiración los maestros que han robustecido las ciencias jurídicas con la historia, la sociología y la filosofía, concurriendo todos ellos en el Externado de derecho como también en el moderno Externado de las ciencias sociales, muy especialmente porque desde su fundación sus rectores han sido también cultores de la sociología, la filosofía y la historia, área que ha crecido en proporción geométrica hasta los logros en el siglo XXI de mi maestro, Rector Magnífico, Fernando Hinestrosa, titular de las cátedras de historia del derecho, negocio jurídico, derecho romano, obligaciones civiles o comerciales, por no citar sino las que nos formaron y nos dieron luces para el desarrollo científico social del derecho.

El presente libro es una iniciativa editorial del extinto maestro amigo y mentor Luis Villar Borda, prematuramente fallecido, para pesadumbre de propios y extraños que conocíamos la magnitud de su proyecto académico-editorial. El Externado acaba de publicar un libro en homenaje a su memoria que resulta mucho más elocuente que esta somera noticia, para aquellos que quieran encontrar en su biografía un aliciente para la filosofía del derecho, la teoría jurídica y la sociología jurídica.

PREFACIO

Nicoletta Bersier Ladavac

Theodor Geiger (1891-1952) es un autor que no ha encontrado en la sociología del derecho italiana el lugar de relieve que merecería. Será suficiente decir que aún hoy en día se carece de la traducción y publicación de su obra principal, *Vorstudien zu einer Soziologie des Rechts*, divulgada por primera vez en danés en 1947; dicho trabajo del que se carece, debería ser emprendido sin falta, con miras a colmar un vacío indudable. La presente publicación, dedicada a la memoria de Paul Trappe, desaparecido en el año 2005, que fuera el mayor estudioso de Geiger, y quien en diferentes oportunidades me estimuló para que contribuyera a la notoriedad de la figura de Geiger, tiene por objeto estimular la reflexión acerca de un autor que marcó profundamente la historia de la sociología del derecho y que hoy en día sigue teniendo gran actualidad.

Renato Treves, autor que refundó y desarrolló la sociología del derecho en Italia, reconoció la grandeza de Theodor Geiger, al señalarlo en su conocido texto de sociología del derecho[1] como el autor que, junto con Max Weber y Georges Gurvitch, fundó la sociología del derecho, "considerando tanto el aspecto macrosociológico como el aspecto microsociológico de la disciplina, y tanto el derecho en la sociedad como la sociedad a través del derecho"[2]. No es poco significativo, sino casi que una feliz coincidencia, el hecho de que Renato Treves le haya indicado en su momento a su discípulo Theodor Dalavecuras, como tema para su tesis de grado, precisamente la figura de Theodor Geiger. Esto ocurrió en el año académico 1967-1968, todavía en el ámbito de la filosofía del derecho, si bien el tema señalado ya se refería a un asunto de sociología del derecho, y ello un año antes de la creación por parte del propio Treves de la cátedra de sociología del derecho en el marco de la Facultad de Jurisprudencia de la "Università degli Studi" de Milán. De esta manera, la

---

1   R. Treves, *Sociologia del diritto. Origini, ricerche, problemi*, Torino, Einaudi, 1996, pp. 169-179.
2   Ibíd., p. 142.

presente tesis de grado sobre Geiger fue una de las primeras, si es que no la primera, tesis en sociología del derecho en Italia, no obstante todavía se inscribiera nominalmente en el ámbito de la enseñanza de la filosofía del derecho. Tratándose de una tesis de grado en un campo realmente de vanguardia, se trata de un trabajo por ciertos respectos incompleto, y sin embargo interesante y estimulante por el hecho de desarrollarse precisamente en un sector nuevo y prácticamente inexplorado.

Recordemos brevemente el desarrollo de la sociología del derecho en Italia. Indudable pionero y personaje histórico de la materia es Renato Treves (1907-1992), cuyo constante interés en los años 30 por la sociología, el positivismo y el socialismo lo condujo a realizar profundos estudios de sociología positivista, estudios que durante su exilio argentino (1938-1940) se transformaron en investigaciones de campo propiamente dichas. Tras los años transcurridos en Argentina, Treves regresó a Italia para enseñar en Turín filosofía del derecho, en una ciudad que desde siempre había sido lugar de gran fermento intelectual; si bien el interés por la iusfilosofía no lo abandonaría tampoco en el futuro, con el paso de los años Treves reforzó cada vez más su concepción positivista, que desembocó a continuación en el estudio de las relaciones entre derecho y sociedad, convirtiéndose luego estas últimas en la premisa necesaria de los estudios de sociología derecho. Ahora bien, el análisis de la relación derecho-sociedad no debía permanecer como un estudio puramente abstracto y como un fin en sí mismo. Era preciso calarlo en la praxis cotidiana y hacerlo útil para fines prácticos. Esta exigencia impulsó a Treves a dirigirse, en los años 60, prevalentemente hacia la investigación empírica, y esto de modo específico al interior de la sociología del derecho, materia que el autor consideraba innovadora y con un gran porvenir. Esta nueva aproximación al estudio de la relación entre derecho y sociedad, y viceversa, entre sociedad y derecho, requería ser institucionalizada, haciéndola accesible a las nuevas generaciones. Así, gracias a Treves nació en Milán, en 1969, la primera cátedra de sociología del derecho, por él ocupada junto con la cátedra de filosofía del derecho, que desempeñó hasta finales de los años 70. Treves formó a no pocos estudiosos, y Milán se convirtió así en el centro de una escuela de sociología del derecho muy sólida y de gran prestigio. En la universidad de Milán, a Treves le sucederían primero Vincenzo Tomeo, desaparecido de manera prematura en 1992, luego Vincenzo Ferrari y, por último, Morris L. Ghezzi, todos discípulos directos de Treves, y los dos últimos todavía activos en la misma universidad.

Además de institucionalizar la materia a nivel universitario, Treves tuvo un papel pionero también en lo que hace a su difusión y promoción. Desde 1979 publicó varios textos fundamentales para la disciplina, y en 1974 creó la revista *Sociologia del diritto*, que se convertiría en el órgano oficial de los sociólogos del derecho italianos y en un prestigioso medio de intercambio intelectual entre los sociólogos del derecho de todo el mundo. Aún hoy, el manual de sociología del derecho de Treves, cuya primera publicación data de 1977[3] y que reelaboró hasta sus últimos días, es decir durante dos décadas, es todavía una obra actual y se utiliza en las universidades. En cualquier caso es preciso subrayar que, junto con la nueva materia, Treves continuó la enseñanza de la filosofía del derecho, sin duda alguna estableciendo límites entre los dos campos de investigación, pero también alimentando en un entrelazamiento continuo diversas exigencias, si bien con el paso de los años se concentraría predominantemente en la sociología derecho.

Con la refundación de la sociología del derecho Treves emprendió una operación cultural de inmensa importancia. Ante todo en el frente teórico, delimitando la sociología con respecto a la filosofía social y a la historia, y conectando la teoría con la práctica, es decir uniendo el análisis teórico con la investigación empírica. Son los hechos, en cuanto premisa necesaria, los que son puestos en la base de la investigación sociológica. De esta manera el derecho ya no es considerado como desvinculado de la realidad, sino que es visto como un fenómeno cultural complejo ligado por una multiplicidad de factores a la realidad social. La continua interconexión entre praxis y teoría, entre juicios de hecho y juicios de valor, no impide de ninguna manera que la sociología del derecho tenga un carácter innovador y exprese como posición ideal el antidogmatismo, distinguiendo entre una visión metafísica e idealista,

---

3   Para profundizar en el desarrollo de la sociología del derecho en Italia cfr. la introducción de Mario G. Losano a R. Treves, *Sociologia del diritto*, cit., pp. XI a LV.

característica de algunas filosofía del derecho, y una actitud metodológica sociológico-empírica, típica en cambio de la sociología del derecho. De esta manera, la sociología del derecho se presenta en cuanto ciencia con pretensiones sólo cognoscitivas, no prescriptivas, como disciplina separada de toda pretensión ideológica y política.

Es precisamente esta síntesis entre investigación empírica y teoría sociojurídica lo que opera la ruptura con el pensamiento de los juristas puros y de los sociólogos antipositivistas. En la nueva visión de la relación entre derecho y sociedad, teoría y praxis ya no se consideran la una al lado de la otra, sino que se consideran conjuntamente, ligadas entre sí, considerando de esta manera tanto la sociedad en el derecho, es decir la adecuación de éste a aquella, como el derecho en la sociedad, es decir el derecho en su función de direccionamiento. Es así como, en relación con la sociedad, el derecho puede ser considerado como una variable dependiente o independiente. Se plantean entonces dos problemas fundamentales: el primero, esto es, el derecho considerado en relación con la sociedad, responde a los requisitos jurídicos de las doctrinas antiformalistas, mientras el segundo, al considerar a la sociedad en relación con el derecho, acentúa el aspecto teórico, desarrollando el fin y la función del derecho. Una cosa son, así, los estudios de sociología del derecho, vale decir, aquellos que consideran el derecho como un fenómeno social, como un medio de control social; y otra cosa, por el contrario, son los estudios sobre la sociología del derecho, esto es, aquellos que analizan la esencia de la sociología del derecho, su estructura y sus métodos.

Pero dediquemos algunas palabras a la metodología. El instrumento metodológico de investigación de la sociología del derecho es el empírico, que considera los hechos sociales de la manera más objetiva posible para conectarlos según nexos de causa-efecto, medio-fin o leyes estadísticas de constancia, y con miras a agruparlos en modelos explicativos, es decir en teorías. El fin es el control de los fenómenos sociales y la potencial modificación de los mismos. Pero ello es "de competencia de la ciencia hasta donde concierne al plano cognoscitivo, descriptivo, mientras que se torna ideológico, político en el momento en que quiere imponerse como prescriptivo"[4].

Permanece abierto el problema de la relación con los valores. La sociología del derecho, en cuanto investigación de fenómenos concretos, en cuanto ciencia, idealmente debería permanecer desvinculada de los valores. En la praxis ello puede ocurrir, como también puede suceder lo contrario, es decir, se puede considerar, o practicar, la sociología del derecho sobre la base de precisos valores en un continuo tránsito entre el mundo ideal y el mundo de las acciones, entre juicios de hecho y juicios de valor. Sin duda alguna, semejante mezcla puede impedirle a la sociología del derecho en cuanto ciencia el acceso a la objetividad. Surge entonces la pregunta sobre dónde establecer los límites entre mundo ideal y mundo real, entre valores y ciencia. La respuesta más adecuada parece ser la que proporciona el relativismo, es decir aquella actitud que, si bien tiene en la debida cuenta los valores, no los considera nunca vinculantes y absolutos, en una continua búsqueda de conciliación entre las exigencias de la ciencia y las de la valoración, entre objetivismo y subjetivismo, no excluyendo que valores externos a la teoría científica puedan orientar los estudios sociales, si como objeto la sociología del derecho se plantea no sólo el de describir la sociedad, sino también el de modificarla. El propio Treves explica, en efecto, que si bien la sociología del derecho es una materia esencialmente comprometida en la investigación empírica, "el investigador empírico que desea darse cuenta del significado de su propio trabajo y que se siente responsable de este, no puede admitir que su investigación siga un camino independiente y desconectado de la teoría y de la valoración. Para explicar esta afirmación, dice, he hecho notar que las hipótesis que la investigación debe verificar se insertan, por una parte, en la teoría general del derecho, y están sujetas, por otra, a una valoración que se realiza sobre la base de una concepción general de la sociedad"[5]. Nos encontramos ante un método de investigación que se funda en la distinción entre juicios de

---

4   M.L. Ghezzi, *Sociologia critica del diritto e sociologia della devianza*, Studi in ricordo di Gian Domenico Pisapia, Milano, Giuffrè, 2000, p. 63.

5   R. Treves, "Considerazioni conclusive", en *Sociologia del diritto*, 1974, II, p. 298.

hecho y juicios de valor, y que atribuye a la ciencia la tarea de analizar sólo los primeros. Pero, para Treves la elección del método implica la necesidad de la elección de ciertos valores, de valores antepuestos por el investigador a su propia investigación. Permanece entonces abierto el problema relativo a qué valores se van a poner como guía para la investigación sociológica con el fin de intervenir en la realidad, y parece ser que aquellos indicados por Treves, justicia y tolerancia, hoy siguen siendo más actuales que nunca.

Theodor Geiger ha sido justamente indicado por muchos eminentes estudiosos de la materia, entre los cuales es posible recordar a Renato Treves, Niklas Luhmann, Alberto Febbrajo[6], Paul Trappe y Manfred Rehbinder (quien cuidó una de las ediciones en idioma alemán[7]), como uno de los mayores sociólogos del derecho, si bien, desafortunadamente, diversas razones hicieron que permaneciera desconocido prácticamente en todas las latitudes. Sin embargo, todos coinciden en decir que Geiger sentó los fundamentos teóricos de una moderna sociología del derecho. Se ocupó de los problemas de la sociología del derecho en conexión con el derecho vigente, y se sirvió de los hechos históricos en la medida en que éstos eran necesarios para explicar los problemas actuales. En efecto, para Geiger, la tarea de la sociología del derecho consistía en analizar el derecho como fenómeno social, partiendo de la norma como elemento regulador del ordenamiento social, la cual adquiría así un rol fundamental. De hecho, ya en 1928 Geiger introdujo la distinción entre sociología del derecho material, que estudia la manera como la sociedad condiciona y determina el derecho, y sociología del derecho formal, que estudia en cambio la manera como el derecho plasma y regula la vida social. Mas sólo en 1946 Geiger afrontaría un tema específico de la sociología del derecho, es decir el de la relación entre derecho y moral, defendiendo la llamada *Trennungsthese*, vale decir la nítida separación entre derecho y moral. Y ello puesto que Geiger, en relación con los valores, y por lo

---

6   Alberto Febbrajo, además de Paolo Farneti, ha sido el único estudioso italiano que se ha ocupado de Geiger. Cfr. su profundo ensayo *Materiali sulla sociologia del diritto di Theodor Geiger*, Pavia, Ediz. Universitarie GJES, 1979.

7   Th. Geiger, *Vorstudien zu einer Soziologie des Rechts*, M. Rehbinder (ed.), Berlin, Dunker & Humblot, 1987.

tanto con la moral, defendió siempre un niquilismo[8] práctico y no sólo teórico de los valores, sosteniendo que los valores no deben ser ni usados ni practicados, con la consecuencia de que el niquilismo práctico de los valores aplicado al derecho hace que la fuerza reguladora de las relaciones sociales no resida más en la moral, sino en una sociabilidad interdependiente que se manifiesta como un hecho.

También para Niklas Luhmann, Geiger representa un nuevo tipo de sociología del derecho, puesto que intenta refundar la sociología del derecho como investigación empírica de relaciones causales mediadas por normas. A partir de un modelo positivista de ciencia, Geiger insiste en la necesidad de una profunda y radical sociologización de la dogmática jurídica con el propósito de lograr la total eliminación de los falsos conocimientos transmitidos por la dogmática jurídica tradicional[9]. De acuerdo con Alberto Febbrajo, Geiger quiere construir una teoría del derecho que tenga bases rigurosamente fácticas, puesto que para Geiger la sociología es la única verdadera ciencia del derecho, la cual con base en conocimientos factuales puede calcular la eficacia de las normas[10]. Para Vincenzo Ferrari, Geiger, en lugar de separar el tema de la eficacia del relativo a la validez, los conecta, demostrando que la validez del derecho es un concepto no sólo normativo, sino también fáctico. De ahí que la eficacia del derecho, al igual que su ineficacia, pueda ser conceptualizada en relación con la validez[11].

No es posible concluir esta breve nota introductoria sin recordar a Paul Trappe, quien fuera sin duda el más profundo conocedor de Geiger,

---

8   Teniendo en cuenta que en el idioma italiano la palabra habitual es *"nichilismo"*, y que, existiendo también *"nihilismo"*, ésta última se utiliza bien por afectación, bien para subrayar el étimo original, hemos optado por traducir en general "nihilismo" (que es el término corriente en castellano), salvo allí donde el original (tanto en el Prefacio como en la Introducción) recurre a *"nihilismo"* para diferenciar el nihilismo (*"nichilismo"*) teórico y relativista de los valores, con especial referencia a las posiciones de la Escuela de Uppsala, respecto del nihilismo (*"nihilismo"*) práctico geigeriano, característicamente radical en su afirmación de la necesidad de abstenerse del uso mismo de los juicios de valor (para el cual hemos recurrido a "niquilismo"). En otras palabras, se ha introducido una inversión en el empleo de los términos nihilismo/niquilismo respecto del original (nota del trad.).

9   N. Luhmann, *Sociologia del diritto*, Bari, Laterza, 1977, p. 33.

10   A. Febbrajo, Introducción a N. Luhmann, *Sistema giuridico e dogmatica giuridica*, Bologna, Il Mulino, 1978, pp. 14 y 15.

11   V. Ferrari, *Lineamenti di sociologia del diritto*, Bari, Larterza, 1997, p. 262.

así como su mayor estimador. También para Trappe el mayor influjo de Geiger tuvo lugar sobre la sociología del derecho. Pero no se debe infravalorar su importancia también para la teoría de la democracia y en el campo de las problemáticas ligadas a las transformaciones sociales de las sociedades industrializadas. Esto lo ubica, por tanto, también en un ámbito más estrictamente político. En sus escritos políticos, publicados póstumos en 1960, el mismo Geiger precisó el objetivo intrínseco de sus investigaciones, definiéndolo como un "humanismo intelectual", en cuanto conducta de vida en una sociedad de masas moderna y tecnificada, a través de la cual sostener una posición equidistante con respecto a cualquier valor y de firme libertad ideológica contra los prejuicios y el poder totalitario en su intento por dominar la realidad social del siglo XX[12]. Este juicio de Trappe es compartido plenamente por Treves cuando escribe que según Geiger "a los intelectuales, que en la edad contemporánea han extendido la racionalización del mundo de la producción a todas las funciones de la vida social, debe ser confiada también la función de control del poder político, lo que no conduce a la creación de nuevas ideologías, sino a la crítica de las ideologías mismas; críticas que, para poder ser conducida de manera adecuada, debe poder contar, dice, con una educación democrática del ciudadano capaz de entender el valor de la crítica"[13]. Este iluminismo crítico de Geiger –iluminismo que, siendo consciente de sus propios límites, niega la posibilidad de encontrar la verdad en la pragmática de las relaciones morales, sociales y políticas– parece ser más actual que nunca allí donde nos advierte "que quienquiera que pretenda pronunciar una verdad sobre tales relaciones, en virtud de esta misma pretensión dice una falsedad".

---

12   P. Trappe, *Theodor Geiger*, Klassiker des soziologischen denkens, D. Käser (ed.), München, Beck, 1978, vol. II, pp. 254 a 285 y 541 a 544.

13   R. Treves, *Sociologia del diritto*, cit., p. 337.

INTRODUCCIÓN

Theodor Geiger y la sociología del derecho como antimetafísica social

Morris L. Ghezzi

"Y tampoco se debe pasar por alto la probabilidad de que al inculcar una fe religiosa en los niños se produzca un efecto tan fuerte, y acaso hereditario, sobre sus mentes aún no del todo desarrolladas, que se torne difícil liberarse de la fe en Dios, al igual que es difícil para un mono liberarse del miedo y el odio que nutre instintivamente por la serpiente".

Charles Darwin. *Autobiografía*

1. Continuidad con el socialismo jurídico

La figura de Theodor Geiger (1891-1952) reviste para la sociología del derecho una importancia semejante a la de Galileo Galilei para la astronomía moderna[1]. En efecto, es con profunda conciencia del peso de este autor, tanto en su fundación teórica como en la investigación empírica en el campo de los estudios sociológico-jurídicos, que Renato Treves, refundador de la materia en Italia, incluye a Geiger en la triada, junto con Max Weber y Georges Gurvitch, que, a su modo de ver, dio vida de

---

[1]   "La teoría del niquilismo de los valores es tan peligrosa como hace algunos siglos lo fue la nueva imagen astronómica del mundo, y hace cien años la teoría genética, así como en su momento toda revolución en las representaciones habituales": Th. Geiger, *Saggi sulla società industriale*, Torino, UTET, 1970, p. 559.

manera cumplida a la disciplina[2]. Los estudios de Geiger se presentan articulados y multiformes, pero todos convergen hacia una profunda unidad antimetafísica que no sólo traza precisos límites al ámbito de investigación propio de la sociología del derecho en cuanto ciencia empírica, sino que extiende también su propia crítica a los mundos de la ética y de la política, mundos con los cuales el derecho desde siempre se presenta en una estrecha relación, en ocasiones de dependencia, en otras, de hegemonía. La centralidad humanística, en la que el autor sitúa al ser humano en su autonomía subjetiva, focaliza de inmediato la atención en los instrumentos críticos, instrumentos que fueron de la Ilustración del siglo XVIII y que ahora deben seguir operando más allá de los resultados ya obtenidos, así como en los valores, en su dimensión histórica, prospectiva y relativista, hasta el punto de disolverlos en un niquilismo[3] pragmático. "La producción científica de Geiger, intensa y conspicua, no está constituida tan sólo por investigaciones empíricas y trabajos teóricos sobre problemas de sociología del derecho, sino también por numerosos escritos sobre los problemas de la sociedad en general a los que el derecho se refiere: problemas de la política, de los valores, de las ideologías, de las masas, de las clases (...) Pese a la multiplicidad de los temas tratados y a la diversidad de las experiencias vividas en tiempos y países diversos y bajo diferentes regímenes, se puede decir que sus escritos constituyen en conjunto un todo homogéneo que se orienta hacia ese iluminismo crítico y ese *humanismo intelectual* cuyos rasgos fundamentales se encuentran ampliamente analizados y descritos en su obra *Demokratie ohne Dogma*, publicada póstuma en 1960"[4].

---

2   "En este capítulo dedicado a los fundadores de la sociología del derecho, es decir aquellos que han considerado tanto el aspecto macrosociológico como el aspecto microsociológico de la disciplina, tanto el derecho en la sociedad como la sociedad a través del derecho, fijaré la atención en tres autores cuyos trabajos fueron publicados en el período comprendido entre los años inmediatamente anteriores a la Primera Guerra Mundial y aquellos inmediatamente posteriores a la Segunda: Weber, Gurvitch, Geiger": R. Treves, *Sociologia del diritto. Origini, ricerche, problemi*, Torino, Einaudi, 1996, p. 142.

3   Véase la nota 8 del Prefacio (nota del trad.).

4   Ibíd., pp. 169 y 170; cfr., en particular, Th. Geiger, *Demokratie ohne Dogma, die Gesellschaft zwischen Pathos und Nüchtenheit*, München, 1964. Trad. y ed. italianas al cuidado de Paolo Farneti, en *Saggi sulla società industriale*, cit., pp. 283 a 624.

Para comprender plenamente la posición de Geiger con respecto al derecho, es decir la función que le atribuye al mismo y, en especial, en qué relación lo sitúa con la sociedad y su desarrollo histórico, parece fundamental encuadrar al autor no sólo en el contexto político de su época, sino también al interior del vasto debate de raíz decimonónica que contrapone en el ámbito socialista el pensamiento reformista socialdemocrático al maximalista, más ligado a una visión determinístico-economicista del análisis marxista. Autores como Ferdinand Lasalle ya habían planteado, en la segunda mitad del siglo XIX, y en contraposición a Karl Marx, el tema del sufragio universal. La extensión a toda la población mayor de edad del derecho al voto constituye una profunda y sustancial modificación de la organización social. En efecto, de una parte, poner el acento en las temáticas de las leyes electorales significa implícitamente también poner en el centro del análisis de las dinámicas de poder el momento jurídico, en una palabra, el derecho; y, de otro lado, atribuir el poder legislativo y de gobierno a la cambiante mayoría de la población comporta la ruptura del círculo vicioso que permite a las oligarquías económicas autolegitimar y sostener sus propios intereses también a través de las leyes. El modelo electoral democrático extendido a la totalidad de los ciudadanos tiende de manera inevitable a romper el monolitismo del poder económico y jurídico, y a invertir la relación existente entre economía y derecho. El debate al respecto ya había tenido numerosos protagonistas, como Anton Menger, que habían dado vida a un verdadero movimiento de pensamiento denominado por los adversarios, no sin una pizca de desprecio, "socialismo jurídico", y no sin una pizca de ironía, "socialismo de la cátedra".

La polémica atravesó todo el mundo europeo y tuvo amplio eco también en Italia, en donde Claudio Treves, en un artículo publicado en *Critica Sociale*, en 1894, que llegaría a ser famoso por lo decidido de la posición adoptada, evidencia sin duda alguna la contraposición entre reformismo jurídico y revolución: "(n)osotros creemos (...) en una eficaz legislación sobre el trabajo, si ésta es arrancada por la clase obrera a la clase capitalista mediante una lucha consciente y organizada"[5]. Sin embargo la posición revolucionaria, fundada en la firme convicción marxista en la existencia de una relación de rígida subordinación entre superestructura jurídica y estructura social económica[6], si bien en la época del debate parece prevalecer, con el paso del tiempo manifiesta su propia debilidad hasta poner en evidencia, en nuestros días, la inversión de las acusaciones de utopismo que ella misma le había dirigido al socialismo jurídico[7]: el ciclón del sufragio universal completó finalmente su obra de desmantelamiento del control burgués del Estado, y el derecho vino a presentarse más como una inestable, fugaz y mudable mediación de intereses, que como un monolítico baluarte defensivo de un único grupo social dominante contra todos los demás grupos.

La confrontación política entre socialismo reformista y socialismo revolucionario no se animó sólo alrededor de la naturaleza del derecho, de la relación entre estructura y superestructuras sociales, así como de la eficacia "revolucionaria" o no del sufragio universal, sino que corrió igualmente la suerte del choque, que serpea a lo largo de todo el siglo XIX y que, por último, explotaría de manera fragorosa en el XX, entre

---

5   C. Treves, "Socialismo e diritto civile", en *Critica Sociale*, 16 de octubre de 1894: "parece darle la razón a las duras críticas que en más de una ocasión Arturo Labriola dirigió al socialismo jurídico, sobre el presupuesto de que cuenta sólo la lucha de clases y de que el recurso a la ideología jurídica socialista no es otra cosa que un desprejuiciado expediente de conservación de las estructuras tradicionales de la sociedad". G. Neppi Modona, "Una 'scuola' dimenticata: il socialismo giuridico nel diritto penale", en *Giustizia e Costituzione*, 1971/ II, p. 33. Cfr. asimismo M.L. Ghezzi, "Diritto e società nel pensiero socialista. Un'analisi di 'Critica Sociale' (1891-1926)", en *Sociologia del Diritto*, 1980/1, pp. 107 a 127.

6   "Como se puede comprender, una cuestión de fundamental importancia en cuanto dirigida a revisar la relación estructura-superestructura resolviéndola con la eliminación de la interdependencia entre cuestiones económicas y cuestiones jurídicas": U. Guérini, "Socialismo giuridico e diritto penale", en *Politica del Diritto*, 1974/V, p. 444.

7   Es interesante constatar que todavía en 1975 algunos actores italianos consideraban a Menger, y no a Marx, como un utopista, como prueba adicional de la persistencia en Italia de una difusa superabundancia de influencias filosóficas idealistas e historicistas simultánea con una persistente carencia de análisis sociológico-jurídico de matriz positivista-empirista: "Menger acomuna a los utopistas con Marx e intenta probar que éstos no hacen otra cosa que repetir lo que ya han dicho otros, soportando incluso esta reconsideración jurídica del socialismo suya con citas que darían cuenta de la presencia en el cuerpo de las doctrinas marxistas de ese derecho a la plena renta del trabajo sobre el que, en definitiva, se construye toda su obra. Excede los límites de este estudio seguir las argumentaciones con las cuales Engels y Kautsky demuelen teorías. Lo fundamental, en cambio, es el hecho de que esta polémica pone en claro la posición ocupada por dicho autor en el campo socialista. Menger es un utopista, lejano de las construcciones del socialismo científico": ibíd.., p. 444.

pensamiento metafísico idealista e historicista, por una parte, y filosofía empirístico-positivista, por la otra. El socialismo reformador, al igual que el socialismo jurídico, que sería su expresión coherente en el mundo del derecho, hunde sus profundas raíces en las investigaciones sociales, en las ciencias empíricas aplicadas al estudio de la sociedad y en la naciente sociología del derecho. Así entonces, las hipotecas trascendentes del derecho natural parecían tener que ceder definitivamente el paso al derecho positivo, y las sombras metafísicas de las visiones religiosas, mesiánicas, escatológicas del mundo, de la vida humana y de la historia parecían disolverse a la luz del sol, de la evidencia de los hechos y de la metodología de investigación empírica, que recogía, organizaba e interpretaba tales hechos.

Paolo Ungari sintetiza muy bien ese particular momento histórico, aún no del todo agotado, con las siguientes consideraciones: "La fórmula 'Socialismo jurídico', desde entonces, y no obstante su reconocido carácter equívoco, generalmente prevaleciente entre nosotros para designar el conjunto de las corrientes que en las últimas décadas del siglo XIX y los albores del nuevo conducen conjuntamente su guerra contra la ciencia jurídica dominante y contra el código civil bajo el signo del carácter social del derecho, se debe a Achille Loria, y fue avanzada en las páginas de la *Scienza del diritto privato* después de más de una década de polémica académica. La elección del título, si bien reflejaba acaso una fase de la discusión próxima a su agotamiento, indicaba en efecto un programa radical y comprehensivo: *insaturatio ab imis fundamentis* del edificio del derecho privado, sobre la base de las conclusiones experimentales de la sociología, la etnografía, la antropología, la geografía y la economía social; renovación en sentido sociológico del método de la civilística, a lo largo de las vías indicadas en aquellos años por la sociología criminal de la 'Escuela positiva', y muy pronto de la sociología constitucional y de la sociología comercial"[8].

El cuadro histórico descrito resulta de singular interés en especial en lo que atañe a Italia, pero no sólo, puesto que el paréntesis filosófico

---

8   P. Ungari, "In memoria del socialismo giuridico, I. Le 'scuole del diritto privato sociale'", en *Politica del Diritto*, 1970/I, p. 245.

fuertemente idealista entre las dos guerras mundiales del siglo XX, junto con los totalitarismos políticos que las provocaron, y al totalitarismo político de signo contrario, que sobrevivió casi hasta el final de la centuria, marcaron la cultura europea con una profunda marca fideísta, irracionalista y antiempirista, que aún persiste y tiende a emerger de manera prepotente, tanto en los periódicos momentos de crisis social como por obra de nunca extinguidos integrismos religiosos –es el caso del cristiano y el islámico–, siempre prestos a reivindicar su propia hegemonía en el mundo de la política, del Estado y del derecho.

Theodor Geiger debe ser situado histórica y culturalmente en el ámbito de la fase terminal de estos debates y de estos conflictos entre fideísmo y razón, entre idealismo y positivismo empirista, entre revolución y reformismo, entre comunismo y socialdemocracia, entre ortodoxia marxista e iluminismo crítico, entre totalitarismo y democracia. Geiger vive la heroica y entusiasmante, a la par que débil y utópica, aventura alemana de la República de Weimar[9], pero conoce asimismo el horror del advenimiento de la locura colectiva nacional-socialista. En medio de estas tempestades, metafóricamente hablando, el peligro está representado por los escollos del pensamiento metafísico y por el fanatismo, que de aquél se deriva con demasiada frecuencia[10], mientras el puerto lo representa la investigación sociológico-empírica, en general, y aquella sociológico-jurídica, en particular, ello en vista de la grande y creciente importancia que el derecho reviste en la organización de las sociedades humanas. En nuestro autor, entonces, las convicciones ideológicas so-

---

9   "No fue sólo por debilidad de carácter, al contrario de lo que manifestaron creer Lenin y Rosa Luxemburg, que los ex revolucionarios a quienes correspondió guiar la Alemania democrática se transformaron en reformistas. Por el contrario, en su actitud se reflejaban fielmente las tendencias y los humores de la base. A partir de ese exiguo grupúsculo de descastados que habían sido en un comienzo, en sólo 30 años habían construido el más fuerte movimiento político de Alemania. En 1912, cuando tuvieron lugar las últimas elecciones políticas de anteguerra, el partido obtuvo más del 70% de los sufragios en Berlín, y más del 60% en Hamburgo, la segunda metrópoli del Reich. En vista del sistema electoral entonces vigente, no pudieron beneficiarse de la representación proporcional. ¿Pero no era más que justificado prever que los reaccionarios no habrían estado en condiciones de resistir indefinidamente la irresistible avanzada de las masas?": W. Laqueur, *La Repubblica di Weimar. Vita e morte di una società permissiva*, Milano, Rizzoli, 1977, p. 10 y 11.

10   Cfr. M.L. Ghezzi, "Giudizi di fatto e di valore e tolleranza liberale nel pensiero di Norberto Bobbio", en *Sociologia del Diritto*, 1978/1, pp. 41-60.

cialdemocráticas, junto con la perspectiva política reformadora y gradualista, y con la metodología de análisis empírico-positivista, expresan una feliz síntesis, de una parte, de conciencia sociológica demistificadora y, de otra, de coherente continuidad con el núcleo principal del socialismo decimonónico, del que el marxismo es ciertamente parte integrante, si bien no protagonista solitario e indiscutido.

La dimensión empirista-positivista del pensamiento socialista decimonónico encontró su icástica representación en la expresión de Enrico Ferri, retomada posteriormente también por Ludovico Limentani: "La sociología será socialista o no será"[11]. Una fusión semejante entre compromiso político y metodología de investigación, para no caer en la mistificación apologética o, peor aún, en el ridículo, debe presuponer un riguroso compromiso moral del científico social a la hora de distinguir, sin ninguna concesión, en la medida de lo posible, a sus preferencias personales, los juicios de hecho respecto de los juicios de valor. Y Geiger emprende precisamente este camino de rigor cuando en el estudio sobre las estratificaciones sociales traza la figura del sociólogo: "Para considerar objetivamente los datos de hecho de nuestra época social es preciso asumir la actitud desprejuiciada del científico marciano, es decir olvidar todo aquello que se ha dicho sobre la estratificación social del pasado y del presente, y liberarnos de todos los modelos conceptuales con los que se ha intentado captar la estructura social"[12].

2. La centralidad social del derecho

Paolo Farneti, en su introducción a la traducción italiana de los escritos de Geiger, capta con extrema lucidez el punto central del análisis histórico-sociológico del autor: "Geiger es hijo de la República de

---

11   "Gumplowicz recuerda que en el primer congreso de sociología que tuvo lugar en París en octubre de 1894, Enrico Ferri exclamó patéticamente: 'la sociología será socialista o no será', y critica duramente esta afirmación sin darse cuenta de que no se trataba tan sólo de la expresión de un deseo, sino también de la constatación de un hecho": Treves, *Sociologia del Diritto*, cit., p. 86, nota 7. Cfr. también L. Limentani, "Socialismo e positivismo", en *Critica Sociale*, 16 de julio de 1926.

12   Geiger, *Saggi sulla società industriale*, cit., p. 171.

Weimar, ha visto con sus propios ojos el poder del pueblo movilizado plebiscitariamente (...) *e indica el momento electoral de masas como proceso esencial de formación de un sistema político* (...) Y extrae las conclusiones de este proceso: las democracias de masas, o mejor, los regímenes políticos fundados en el sufragio universal y la movilización política y sistemática de las masas mediante el voto, terminan por invertir la relación de poder entre economía y política. Si en la edad del liberalismo 'clásico' el poder económico dominaba la política, hoy es el poder político el que domina al poder económico precisamente porque ha ampliado incesantemente su propia base. De ahí la importancia de conocer las leyes que regulan la relación entre *clases sociales y escogencia política*"[13].

Esta inversión de perspectiva impone de inmediato una revisión crítica del pensamiento marxista y, por consiguiente, un reordenamiento sistemático de los principales conceptos sociológicos implicados en este, como estructura y superestructura, propiedad y control, clase y estrato social; pero, aún antes de entrar en el mérito del análisis marxista es preciso que la atención del estudioso se dirija, lo que es apenas obvio, a la naturaleza de dicho análisis, a su dimensión ideológica/científica, prescriptiva/descriptiva, y a los conceptos que de esta dimensión se derivan, como, a manera de puro ejemplo, la existencia o no de un sentido de la historia, de una escala objetiva de valores sociales, de intereses que trasciendan los deseos del individuo humano, de una conciencia de clase que preexista al conocimiento personal de dicha conciencia.

Las consecuencias políticas de estas reflexiones y de estos análisis pueden conducir también muy lejos de cierta tradición que da por descontada la hegemonía ideológica del marxismo al interior de los movimientos y los partidos socialistas y comunistas, como, en efecto, sucede en el caso de Geiger, el cual, contra esa tendencia, afirma claramente: "Y tampoco parece que muchos hayan concebido que el hombre puede ser socialista políticamente sin ser teóricamente marxista"[14].

---

13   Farneti, "Introduzione", ibíd., p. 46.
14   Ibíd., p. 161.

Queriendo proceder ahora con orden, es preciso enfrentar enseguida el tema central y de mayor relevancia de la crítica dirigida por Geiger al marxismo, es decir el que se refiere a los caracteres metateóricos en los cuales reposa la propia teoría marxista.

En primer lugar, esta presupone que la historia posee un bien definido sentido racional, que tiene un preciso itinerario de desarrollo, que conduce de un punto de partida a un punto de llegada previsible e inevitable, siguiendo un recorrido escatológico preciso y preconstituido. En otras palabras, el desarrollo, la evolución de las sociedades humanas seguiría un trazado, un riel preexistente que conduciría a un lugar de equilibrio y de satisfacción para todos los seres humanos. Regresan a la mente las sugestivas imágenes propuestas por Luciano Parinetto en su interpretación en clave alquímica de Marx: "Al igual que el *Geist* hegeliano, y que el *Alkahest* alquímico, el *proletariado* es aquí *disolvente* universal, que realiza la *gran obra*, mediante *separaciones* y *disoluciones*, conduciendo de la *Trennung* (escisión) a la *Vereinigung* (unificación): al hombre auténtico y a su corporeidad, ya no atravesada por *clases* y *capital*"[15]. La tentación de la utopía podría asaltar las mentes y el *mesías* proletario correr el riesgo de encontrarse a la cabeza de la marcha hacia la Ciudad del Sol, y no hacia el Palacio de Invierno[16]. Afortunadamente, la estricta y arrolladora crítica popperiana permite escapar al abrazo del ilusionismo historicista[17] y regresar al plano de la historia humana con sus realidades sociales y sus respectivos conflictos individuales y colectivos. Y aquí nos espera Geiger, para llamarnos al uso de las ciencias

---

15   Li Parinetto, *Rebisfragmenta metafore alchemiche in Marx. Satura inconclusiva non scientifica*, Milano, Cuem, 1986, p. 152.

16   Cfr. T. Campanella, *La città del sole*, Milano, Unicopli, 1998, y también L. Trotsky, *Storia della rivoluzione russa*, Verona, Mondadori, 1970.

17   "El historicismo confunde interpretaciones y teorías. Este es uno de sus principales errores. Por ejemplo, es posible interpretar 'la historia' como la historia de la lucha de clases, o de la lucha entre las razas por la supremacía, o como la historia de las ideas religiosas, o de la lucha entre la sociedad 'abierta' y la sociedad 'cerrada', o del progreso científico e industrial. Todos estos son puntos de vista más o menos interesantes, y, *en cuanto tales*, absolutamente inobjetables. Pero los historicistas no los presentan como tales; ellos no se percatan de que existe necesariamente una pluralidad de interpretaciones que son fundamentalmente equivalentes (...) En cambio, los presentan como doctrinas o teorías; afirman que 'toda la historia es historia de la lucha social', etc.": K.R. Popper, *Miseria dello storicismo*, Milano, Feltrinelli, 1975, p. 133.

empíricas, de la sociología empírica contra todo absolutismo apriorista de siempre nuevas dogmáticas escolásticas: "Este (el marxismo) no observa la realidad social y no orienta su teoría con base en pruebas empíricas, sino que busca la imagen de la sociedad contemporánea mediante un esquema conceptual establecido de una vez por todas"[18]. Pero la corrosiva crítica de Geiger no se limita a la dimensión metodológica: nuestro autor, a partir del uso de dicha metodología deductiva, establece con claridad y pone en evidencia la naturaleza metafísica del marxismo desde el punto de vista tanto de los presupuestos originarios como de los resultados obtenidos mediante el análisis. "No hay conocimiento empírico que permita decidir *si* hay algún sentido inherente a la historia universal, cuál sea ese sentido y a qué fin se dirija la historia universal –es el propio Geiger quien habla– El materialismo histórico no es una teoría empírica, sino una visión metafísica"[19]. El autor redobla ulteriormente el ataque al pensamiento marxista, retomando el problema de la delimitación entre aserciones propias de las ciencias empíricas y toda otra aserción, ya sea religiosa, metafísica o simplemente seudocientífica, problema que Karl R. Popper intentó resolver mediante el criterio de la falsabilidad o refutabilidad de las proposiciones científicas[20]. Al subrayar el carácter no empírico de las afirmaciones de Marx, el sociólogo Geiger estigmatiza su estatus ajeno a la investigación sociológica y plantea, retóricamente, la pregunta decisiva, que también Popper plantea de manera constante con miras a atribuir significado científico al discurso: "Esta filosofía de la historia así llamada materialista, al igual que el particular concepto de clase que constituye su núcleo, se sustrae a toda crítica empírico-científica y desemboca en la metafísica. Aquí Marx no habla como estudioso de la sociedad, sino como profeta. ¿Cómo demostrar o refutar que el curso de la historia está determinado en últimas por procesos económicos?"[21].

---

18   Geiger, *Saggi sulla società industriale*, cit., p. 157.

19   Ibíd., p. 81.

20   Cfr. K.R. Popper, *Logica della scoperta scientifica*, Torino, Einaudi, 1970, e Id., *Congetture e confutazioni*, Bologna, Il Mulino, 1972.

21   Geiger, *Saggi sulla società industriale*, cit., p. 79. El concepto es reafirmado ulteriormente por el autor: "El materialismo histórico de Marx –Engels no hacen más que invertir el idealismo

En segundo lugar, a esta reflexión antimetafísica de base respecto de la teoría marxista, apenas desarrollada, le sigue de inmediato otra, que entra de manera aún más profunda en la teoría misma y que se refiere al concepto de interés de clase. Para poner en evidencia un interés de clase (ya sea proletario o burgués) de alcance universal, es decir propio de todos los componentes de una determinada sociedad, es necesario presuponer que existe una escala de valores objetiva, ahistórica, que trasciende no sólo las diferentes sociedades, sino también los diferentes individuos pertenecientes a esas sociedades. Además, dicho interés de clase se presenta en el pensamiento marxista como una entidad por mucho tiempo ignorada por la mayoría y abandonada en un lugar separado del resto del mundo, a la espera de entrar a la historia como conciencia de clase. Para utilizar la expresión de Geiger: "la conciencia de clase es como la Bella Durmiente, y es preciso esperar al príncipe que la despierte"[22]. Resulta enseguida evidente que tanto al interés de clase como a la conciencia de clase se les atribuye, en la visión marxista, un estatus objetivo, una dimensión naturalística factual; en otras palabras, las proposiciones que expresan dicho interés y la respectiva conciencia de clase pueden ser consideradas verdaderas o falsas, al igual que cualquier otra proposición científica empíricamente verificable/falsable. El problema, sin embargo, se plantea de manera explosiva y produce el derrumbamiento de toda la construcción teórica allí donde esta escala de valores universales no es empíricamente tomada de la facticidad histórica, y donde, por consiguiente, el contenido material de la conciencia de clase no puede ser considerado otra cosa que una de las muchas y posibles expresiones de la voluntad política de determinados individuos o grupos sociales. Y es precisamente a esta conclusión que llega Geiger: "(P)ara expresarse sobre el verdadero bien habría que disponer de una escala de valores universalmente válida, y desafortunadamente una es-

---

histórico-filosófico de Hegel–, si bien en la convicción de ponerlo de nuevo sobre sus pies. En este caso, de otra parte, no importa quién está de cabeza y quién sobre los pies. De la inversión de una metafísica no podrá nacer nunca otra cosa que una metafísica de contenido contrario": ibíd., p. 80.

22   Ibíd., p. 147.

cala semejante no existe"[23]. Pero la inexistencia factual de dicha escala comporta asimismo la imposibilidad de predicar la verdad o falsedad del contenido de cualquier interés, en cuanto verdaderas o falsas pueden ser sólo las proposiciones que es posible someter y sujetar a verificación empírica, y todo aquello que no hace parte del mundo de los hechos no está en condiciones, está en la imposibilidad de enfrentar esa prueba. Así entonces, los intereses se deslizan rápidamente en el subjetivismo del mundo de los valores y de las respectivas voluntades colectivas o individuales que los desean y que, por tanto, los defienden, los sostienen, hacen de ellos objeto de propaganda, los reputan mejores, más justos que otros intereses; mas no se trata de otra cosa que de meras opiniones, tan discutibles y opinables como cualquier opinión[24]. La conciencia del subjetivismo de los valores y de los intereses conduce también a Geiger a hacer descender estos últimos del inexistente pedestal metahistórico, en el que habían sido situados por entidades abstractas y colectivas que, a través del reducido número de sus propios representantes, se habían declarado sus únicas intérpretes auténticas (Estado, partido, iglesias, etc.), y ello con el fin de controlarlos mejor e imponerlos a la gran mayoría de la población. Valores e intereses son reconducidos por Geiger a su dimensión humana, al nivel de los diferentes individuos humanos: "No se puede querer enseñar a los hombres cuáles son los intereses que, de acuerdo con su situación social, ellos *deberían* perseguir"[25].

Así como la sociedad es reconducida a los diferentes individuos humanos que la componen, también la clase social es demistificada en la simple suma de sus miembros. "Es claro que la clase como tal no es nada diferente de la conciencia de sus miembros; no puede tener una conciencia por sí misma"[26].

---

23 Ibíd., p. 151.

24 "El interés es en primera línea algo subjetivo, es decir es el hecho, el sentimiento, la voluntad y el deseo de una persona orientada hacia determinado fin. La persona está entonces interesada en ese fin en el sentido psicológico, y este hecho psíquico como tal no puede ser objeto de una discusión racionalmente fundada": ibíd., p. 150.

25 Ibíd., p. 78.

26 Ibíd., p. 141.

En tercer lugar, entonces, Geiger completa el proceso de retorno a la concreción factual de la mera realidad social mediante la constatación de que no puede existir un interés general, un interés propio de entidades abstractas ("supraorgánicas", como serían definidas por Herbert Spencer) y que resuma en sí, unificándolos, los intereses de todos los componentes de dichas entidades: al sociólogo le está permitido tan sólo conocer intereses particulares de diferentes individuos o grupos de individuos. Si no existe este interés general, con mayor razón no es posible pensar que el interés de una determinada clase social (burguesa o proletaria), de un solo grupo de individuos –admitiendo que estos últimos puedan resumir, reconocer sus propios intereses particulares en aquellos de clase o grupo– pueda generar una lucha por el interés de la totalidad social. En esta fantasiosa visión mesiánica de la función histórico-escatológica del proletariado, propuesta por el marxismo, el socialismo viene a terminar en la dimensión religiosa, y la sociedad en la utopía[27].

Luego de la depuración crítica del historicismo marxista de las escorias que trascienden el mundo humano, Geiger entra más a fondo en el análisis de la sociedad para poner en evidencia sus relaciones de poder y, en especial, en lo que a nosotros más nos interesa, para identificar con precisión la función desempeñada por el derecho. Una vez rota la coraza metafísica que recubría y envolvía en preconceptos el análisis social marxista, se abre un amplio camino para el estudio sociológico-empírico de las relaciones sociales. Por tanto el propio dogma del economicismo determinista, que subordina toda superestructura social, en particular la jurídica, a las relaciones de producción, puede ser puesto en discusión, puesto a prueba en su veracidad mediante el método de la falsación empírica.

Geiger hace notar que el modelo democrático electoral de sufragio universal construye un poder legislativo, un centro de producción de las leyes que sustrae de manera definitiva el monopolio de la legiferación

---

27　"La clase obrera es la primera clase en la historia universal que con la lucha por sus propios intereses, en realidad sirve los intereses de la totalidad (*Allgemeinheit*). El interés de la clase obrera es el interés de la sociedad como tal. Los mismos tonos y el mismo entusiasmo se sintieron en la Revolución Francesa, cuando la burguesía se identificaba con la nación (E. de Sieyès). La doctrina marxista de la conciencia de clase termina aquí y desemboca en la filosofía de la historia": ibíd., p. 137.

a un único grupo social oligárquico y dominante, en cuanto detentador exclusivo de todo el poder político. En efecto, a través de este modelo encuentran representación política y, por ende, también legislativa todos los grupos sociales de manera en alguna medida correlativa a la articulación de los grupos mismos y a su consistencia numérica. Esta operación de reformismo jurídico, en cuanto la modificación del sistema electoral no es otra cosa que una reforma legislativa, transforma profundamente la naturaleza de clase del Estado: "Ahora bien, el nuestro es un Estado democrático, es decir, vivimos bajo el dominio de la mayoría. Si la vida económica es subordinada al poder del Estado, ello puede significar tan sólo que las mudables mayorías democráticas detentan la facultad de disposición sobre el conjunto del aparato social de producción. Al igual que el poder político, también el poder económico sería transferido democráticamente a las manos del 'pueblo'"[28].

El modelo democrático de gobierno atribuye el poder político sobre una base exclusivamente cuantitativa: una cabeza, un voto; o para mayor precisión, un ciudadano, un voto. Por consiguiente, este modelo, de una parte, pone en crisis, de manera definitiva, el poder entendido como entidad cualitativa que trasciende al ser humano común, y de otra, rompe el nexo unidireccional entre fuerza económica, controlada por antiguos modelos oligárquicos de base religiosa, nobiliaria, agraria o plutocrática, y organización jurídica del Estado. La relación se invierte y el poder político cuantitativo gobierna el contenido del ordenamiento jurídico; contenido que, una vez producido, se hace autónomo de sus propios artífices para imponerse como un poder aparentemente tercero respecto de todos los individuos y grupos sociales, sin excluir a aquellos que detentan la propiedad y/o el control de los medios de producción. En este cuadro, el poder político se torna sustancialmente poder jurídico, poder de las leyes, y se consuma la inversión estructura-superestructura: el poder político y el derecho, que lo expresa, es lo que condiciona, altera y dirige la economía: "las fuerzas productivas son puestas bajo el control político"[29]. Las cámaras legislativas, en estas condiciones, se convierten

---

28   Ibíd., p. 210.
29   Ibíd., p. 215.

en lugares de confrontación, de compensación y de mediación de los intereses sociales, y el derecho se manifiesta como estructura del conflicto, para usar una feliz expresión de Vincenzo Tomeo[30]. Como es obvio, dicha inversión no puede, en este enfoque empirista del análisis social, considerarse ni absoluta ni irreversible. En efecto, resulta difícil establecer, identificar un único condicionamiento unidireccional por parte de algunas dimensiones, de algunos aspectos de la sociedad (estructura), por ejemplo la economía del pensamiento marxista, respecto de otros (superestructuras), por ejemplo, siempre en el pensamiento marxista, la política, el derecho, etc.; más bien, parecería surgir en el panorama del análisis sociológico una pluralidad de interacciones multidireccionales entre las diferentes instancias, entre los múltiples niveles de lo social. No sólo no parece posible atribuirle un poder condicionante a un solo nivel social (económico, político, jurídico, etc.), sino que, aun admitiendo que en determinados momentos históricos exista una instancia social de poder predominante sobre todas las demás, dicha situación no puede ser considerada permanente. Ésta podrá persistir durante períodos más o menos largos, pero estará destinada a modificarse bajo el impulso del curso de los acontecimientos históricos. De esta manera, a la luz de la penetrante crítica de Geiger, tanto el análisis marxista de la estructura del poder como aquel del propio autor se presentan permanentemente sujetos a una continua revisión. Ciertamente en las democracias occidentales el marco normativo del Estado, es decir su osamenta constitucional, puede adoptar el papel de estructura del poder, pero ello vale hasta cuando dicha osatura constitucional no es puesta en discusión y superada mediante el procedimiento legislativo previsto para ello (reformismo), o bien mediante un pronunciamiento de naturaleza revolucionaria. Por lo demás, Geiger tenía dolorosa conciencia de cómo los regímenes totalitarios europeos de la primera mitad del siglo XX (fascismo y nacional-socialismo) se habían hecho al poder según las modalidades procedimenta-

---

30   "Definir la 'función' del derecho ya no tiene sentido sino en esta dirección: el derecho representa y traza el esquema estructural del conflicto entre los intereses y entre los grupos; es la estructura del conflicto. Si se pretende 'estudiar el derecho como estructura', esto puede tener lugar sólo a condición de que dicha estructura se configure como la base procedimental del conflicto, y no como la congruencia normativa de expectativas de comportamiento": V. Tomeo, *Il diritto come struttura del conflitto*, Milano, Angeli, 1981, p. 85.

les previstas por la ley, y de cómo, con diversas modalidades, pero con resultados análogos, la Revolución soviética había eliminado el Estado y el respectivo ordenamiento jurídico zarista.

En síntesis, del análisis de Geiger resulta claro que sólo la fuerza, el poder puede ser considerado la verdadera estructura social, pero en cada caso, en las diferentes épocas y en los diversos lugares dicha estructura adquiere rostros, formas diversas: religiosas, étnicas, jurídicas y también económicas, pero la enumeración podría prolongarse indefinidamente. Es probable que el rostro predominante del poder en las sociedades descritas por Marx fuera efectivamente el económico, pero las mismas sociedades descritas por Geiger en el siglo siguiente presentan un rostro del poder diferente, un rostro predominantemente jurídico. Puesto que el poder en estado puro no es otra cosa que fuerza, y como tal escapa a toda precisa individualización, calificación, resulta humanamente difícil atribuir el concepto de estructura social a una entidad sin formas precisas, y de ahí que, para hacer más comprensible el discurso, sería posible simplificarlo y reificarlo, diciendo que el poder no posee una sola, única y eterna estructura, sino que su estructura cambia continuamente con la variación de las relaciones sociales. El término "estructura", en esta acepción, expresa las diferentes formas del poder que con el transcurso del tiempo se van materializando en la historia.

Esta inestabilidad del contenido material del concepto de "estructura" o, si se prefiere, el multiforme aspecto del poder y de su obrar en las sociedades es captado con precisión por Geiger y, aplicado a la crítica de la teoría marxista, logra evidenciar un equívoco de fondo, una aporía en el propio núcleo central de esta última. Dicha aporía mina las bases mismas del análisis y de la praxis marxistas, puesto que hace incierta la naturaleza de las relaciones de producción y, por consiguiente, también de las relaciones de clase. En efecto, "en el lugar (...) del capital, una clase está determinada por su posición y *función* homogénea en la vida económica de la sociedad, mientras que se dice de manera expresa que no la determinan ni la *propiedad*, ni el patrimonio o la renta. Según el *Manifiesto*, por el contrario, y según la concepción marxista común que en éste se inspira, parece que para la situación de clase de una persona es decisivo si esta dispone de medios de producción o no (...) En otros lugares se habla de 'relaciones de producción y, en términos jurídicos, de relaciones de propiedad'. Las propias relaciones de clase no son por ende sino una cuestión de propiedad: es esta otra de las tantas ambigüedades conceptuales de Marx. Puesto que la determinación de la clase por medio de la participación en los medios de producción o de la exclusión de los mismos confiere una impronta decisiva a la teoría y a la praxis marxistas, la crítica del pensamiento social marxista deberá partir de esta concepción de las relaciones de clase"[31].

De las reflexiones de Geiger apenas recordadas, surge con claridad que el autor capta un equívoco de fondo en el pensamiento de Marx: la confusión entre el concepto de "propiedad" y el de "control". Dicha confusión se presenta cargada de consecuencias de importancia tanto a nivel teórico como práctico. El concepto de "propiedad" tiene naturaleza meramente jurídica, de manera que, paradójicamente, si éste determina las relaciones de producción, el derecho, y no la economía, se presenta como el elemento estructural de la sociedad. De ello se deriva que las transformaciones sociales pueden ser realizadas mediante reformas legislativas, es decir con métodos reformistas. Pero, desde el punto de vista de un marxismo revolucionario economicista, dicho equívoco podría ser aducido como explicación de la persistencia de estructuras y contradicciones de clase en las sociedades en que se haya pasado simplemente de la propiedad individual a la propiedad colectiva de los medios de producción: se trataría en todo caso de una relación jurídica no apta para incidir en la transformación de la estructura económica de la sociedad. Para cualquiera resulta evidente que esta podría ser la

---

31 Geiger, *Saggi*, cit., p. 76. Esta ambigüedad de Karl Marx sería subrayada posteriormente también por Ralf Dahrendorf: "¿Por relaciones de propiedad o de producción Marx entiende las relaciones de control efectivo y subordinación en las empresas de producción industrial, o bien tan sólo las relaciones de autoridad basadas en el título legal de la propiedad? (...) No resulta siempre claro cuál es la respuesta de Marx a nuestros interrogantes. No obstante, es posible demostrar que sus análisis se encuentran esencialmente basados en un concepto restringido, legalista de propiedad. Es precisamente con este procedimiento, y sólo con este procedimiento, que Marx logra conectar su sociología con su filosofía de la historia; un esfuerzo brillante, pero al mismo tiempo un error que hace sus análisis sociológicos poco rigurosos y poco convincentes, un error que no se torna más aceptable por el hecho de que los marxistas ortodoxos hayan permanecido fieles a su maestro, sobre este punto, hasta nuestros días": R. Dahrendorf, *Classi e conflitto di classe nella società industriale*, Bari, Laterza, 1971, pp. 43 y 44.

principal crítica que sería preciso dirigir a los, así llamados, regímenes de socialismo real[32].

Geiger llama la atención sobre el derecho de propiedad y sobre su naturaleza de derecho positivo estatal, es decir producido y garantizado por el Estado, como una de las posibles formas en que puede manifestarse el poder, la fuerza del control social, y reivindica para la sociología el estudio de esta fuerza desnuda, en estado puro, carente de aquellos revestimientos ideológicos (sin excluir el derecho) con los que en cada época las diferentes culturas sociales la revisten. "Sin ordenamiento jurídico estatal positivo no existe derecho de propiedad (...) Si el contenido de una relación de propiedad no es un poder místico sobre una cosa, sino simplemente la quintaesencia de las facultades de disposición garantizadas por una determinada sociedad, entonces la abolición formal del derecho de propiedad es un gesto carente de significado. Lo que interesa es a qué personas el ordenamiento jurídico positivo de la sociedad les garantiza qué facultades de disposición, mientras es de muy poco interés con qué término jurídico se designa la fuente formal de estas facultades de disposición. Derecho de propiedad es un término como otro. No obstante sus insinuaciones hacia una concepción sociológica del derecho, Marx siguió siendo desafortunadamente un hijo del siglo XIX y un discípulo de la metafísica de aquella época"[33].

---

32   "Es verdad que en los países socialistas el derecho de propiedad privada de los medios de producción ha sido abolido, de manera que en *este* sentido ya no hay clases; pero no por ello han sido eliminados los contrastes entre los intereses económicos. Estos siguen sólo otras líneas. Los capitalistas de las sociedades de Europa Oriental han sido sustituidos por los altos funcionarios de la economía que en la comunidad socialista administran y manipulan con autoridad pública los medios de producción de la sociedad" (Geiger, ob. cit., p. 81). El concepto es ulteriormente profundizado en el mismo sentido por Dahrendorf: "En realidad (...) autoridad y poder son factores irreductibles, de los cuales se pueden derivar tanto las relaciones sociales inherentes a la propiedad privada como aquellos vinculados con la propiedad colectiva. Burnham y, sobre todo, Geiger han sostenido con razón que desde un punto de vista sociológico la propiedad consiste en primer lugar en la autorización para excluir a los terceros del control de un determinado objeto (...) La propiedad, sin embargo, no es en lo absoluto la única forma de autoridad, es sólo uno de los numerosos tipos de autoridad. De esta manera, cuando se intenta definir la autoridad con base en la propiedad se viene a definir lo general con base en lo particular, lo que constituye un evidente error de lógica. En cualquier caso en el que hay propiedad privada hay también autoridad; pero no todas las manifestaciones de propiedad presuponen la propiedad: la autoridad es una relación social de carácter más general": ob. cit., pp. 224 y 225.

33   Por lo demás, resulta útil continuar así sea en nota la cita: "La sociedad capitalista está obsesionada por el concepto de la santidad de la propiedad privada: su antagonista, el socia-

Una vez demistificado, el concepto de "derecho" vuelve a ser una simple máscara del poder, y es por tanto de este último que debe de ocuparse la sociología del derecho. Puesto que el poder camina, como se suele decir, sobre las piernas de los hombres, se tratará de identificar en los diferentes momentos históricos cuáles son aquellos hombres sobre cuyas piernas camina el poder, es decir cuáles deben ser considerados pertenecientes al grupo social dominante y, por consiguiente, también privilegiado[34].

El recorrido histórico que, partiendo de las sociedades protoindustriales, vividas por Marx, conduce a nuestras actuales sociedades postindustriales, evidencia el creciente fenómeno social de reforzamiento del Estado, y dicho reforzamiento encuentra en el modelo burocrático de organización uno de sus mayores soportes[35]. Los protagonistas activos de este reforzamiento son los burócratas, los cuales se convierten, lenta pero inexorablemente, dentro de este cuadro sociológico, en el nuevo grupo dominante, detentador tanto del poder de control sobre la producción económica y también del derecho, como de los consiguientes privilegios. El fenómeno conoce una expansión continua y produce no sólo la metamorfosis fenotípica del rostro, de la imagen de la fuerza social, sino también un recambio de poder propiamente dicho entre grupos sociales y entre individuos al interior de los diferentes grupos. El proceso es visto por Geiger en toda su potencia innovadora e incon-

---

lismo, no está menos cegado por la representación del derecho de propiedad como una obra diabólica. Ambos atribuyen al concepto de propiedad un místico contenido de realidad. La fuerza de choque del socialismo se dirige contra el mito de la propiedad: su supervivencia mantiene aparentemente en vida al capitalismo, mientras su abolición pondrá los medios de producción bajo el control colectivo de la sociedad. Una vez eliminada la supersticiosa confianza en el derecho de propiedad, resultará claro que nada de todo ello corresponde a la verdad": Geiger, *Saggi*, cit., p. 204.

34   "La diferencia consiste únicamente en el fundamento jurídico formal del privilegio": ibíd., p. 207.

35   "La burocracia, una vez que se ha realizado plenamente, constituye una de las formaciones sociales más difícilmente eliminables. La burocratización es el medio específico para transformar un 'actuar de comunidad' en un 'actuar social' ordenado racionalmente. Como instrumento de la 'asociación' de las relaciones de poder, ella fue y es por tanto un medio de potencia de primerísimo orden para quien dispone del aparato burocrático (...) Cuando la burocratización de la administración se ha realizado por completo, se crea así una forma práctica e igualmente inquebrantable de las relaciones de poder": M. Weber, *Economia e società. Sociologia politica*, vol. IV, Milano, Ediz. di Comunità, 1995, p. 87.

tenible: "De otra parte, la tendencia a la burocratización impregna toda la sociedad contemporánea, y no podría ser de otra manera, puesto que la racionalización de la existencia procede parejamente con una rígida centralización bajo la dirección de expertos"[36].

Si el modelo democrático de organización del Estado prevé la participación paritaria de todos los ciudadanos, de manera directa o indirecta, en la gestión, mediante las leyes, de la cosa pública, los peligros ínsitos en la burocratización del poder social son evidentes. De una parte, el Estado se refuerza en su capacidad de imperio y, de otra, los ciudadanos pierden cada vez más el control sobre éste, a favor de procedimientos impersonales. El control burocrático tiende a expandirse y a invadir cada pliegue de la realidad social con una eficiencia y una eficacia crecientes, y los miembros del grupo dirigente de los funcionarios públicos se apoderan de un poder cada vez más arbitrario, pero también cada vez más fragmentado. La igualdad democrática viene a ser un espejismo, una ilusión que se quiebra contra el muro defensivo elegido por los intereses del grupo burocrático dominante para su exclusiva protección, pero también la participación democrática se torna pura mitología en los laberintos de procedimientos que escapan al control del cuerpo electoral. La ley, si bien es producida por un poder electivo, se diluye hasta desfigurarse en las interpretaciones, en la discrecionalidad, en los reglamentos y las praxis de las burocracias. Geiger lanza un muy sonoro grito de alarma: "El capitalismo es liquidado por la democracia. Pero enseguida después, la hora fatídica suena también para la democracia. Bajo la presión de la mayoría, el Estado democrático interviene de manera cada vez más pesada en la vida económica. En un primer momento en términos de simple intervención, luego con reglamentos generales, por último mediante una planificación económica total. El Estado democrático deviene el Estado fuerte, asume tareas siempre nuevas, adopta la actitud de Señor también respecto de la economía. La democracia, de otro lado, nació como forma de un Estado de poderes modestos (...) Con la primacía del Estado sobre la economía, el poder político y el económico vienen a estar reunidos en un solo punto. La ejecutora de este doble poder es la

---

36   Geiger, *Saggi*, cit., p. 118.

burocracia; ante ella, el control de la colectividad sobre la actuación de los órganos desaparece. La democracia en el sentido convencional de la palabra ha perdido el suelo bajo sus pies"[37].

En el modelo burocrático-estatalista el poder social es mantenido firmemente en sus manos por un restringido grupo de individuos (funcionarios de partido, empleados estatales, militares, magistrados, etc.) que lo ejerce en su propio interés, con un arbitrio fuera de control y bajo la forma, la apariencia del derecho, que en ningún otro modelo como en éste se encarna en procedimientos anónimos, pero no por ello menos heterodirigidos. Los sujetos que detentan el poder se convierten entonces en los burócratas de Estado, los cuales se presentan en la escena de las sociedades postmodernas como los protagonistas indiscutidos de la definitiva inversión entre estructura económica y estructura jurídica de la sociedad. El poder jurídico parece dominar ya de manera indiscutida la economía, pero dicho resultado no puede adscribirse exclusivamente a la burocratización del Estado democrático.

En los pliegues de la realidad industrial estudiada por Marx ya obraba en la sombra un factor de confusión social, cuyos desarrollos, si bien intuidos por el propio Marx, habían de conducir posteriormente a la disolución de su concepto de clase. Justamente, Ralf Dahrendorf pone de relieve las "tentativas preliminares de análisis de la nueva forma de propiedad representada por la sociedad por acciones desarrolladas por Marx en el tercer volumen del *Capital*. En ese lugar, Marx trata de manera explícita el fenómeno que hoy se suele describir como separación de la propiedad respecto del control, y discute lo que él denomina la 'transformación del capitalista efectivamente operante como tal en simple director, en administrador del capital ajeno, y la transformación de los propietarios del capital en meros poseedores, meros capitalistas financieros'"[38]. A lo largo de esta línea de la evolución jurídica de la empresa industrial, el capitalista puede conocer una doble transformación: de una parte, es posible que pierda el control de su propio capital en favor de los *managers*, y de la otra, la propiedad del capital de una

---

37   Ibíd., p. 213.
38   Dahrendorf, *Classi e conflitto di classe*, cit., pp. 44 y 45.

determinada empresa no le impide ser simultáneamente también trabajador de la misma o de otra empresa. Geiger, en efecto, se pregunta, en un esfuerzo por comprender la composición de las clases sociales: "¿A quién pertenece por ejemplo el director de la sociedad por acciones? Es un empresario que tiene una relación de trabajo asalariado: ¿es preciso colocarlo entre los capitalistas, o bien entre los empleados de nivel más elevado? ¿A quién pertenece el zapatero que es independiente en su trabajo y sin embargo vive peor que cualquier obrero asalariado? Y, por último, ¿en dónde debemos ubicar a los empleados públicos, a los profesionales liberales y los intelectuales?"[39].

En síntesis, si la propiedad es sólo una forma, y adicionalmente exclusivamente jurídica, del poder, sobre ella no es posible fundar, desde un punto de vista sociológico, de manera definitiva e inmutable, ni la estructura de la sociedad ni la composición de las clases sociales; además, la dimensión jurídica abandona la rígida pertenencia al ámbito superestructural, que se le atribuye por el pensamiento marxista, para revestir funciones sociales siempre nuevas, no siendo la última de ellas la función estructural en el sistema democrático. Y el sistema democrático mismo se torna el campo de prueba del pensamiento marxista y de las críticas a él dirigidas por Geiger.

En primer lugar, el ataque se orienta contra la teoría marxista del empobrecimiento. Si bien es verdad que el modelo democrático de gobierno prospera exclusivamente en realidades sociales relativamente igualitarias, no corresponde a la realidad infravalorar el peso de la igualdad jurídico-formal y sobrevalorar el de la igualdad económico-sustancial en la perspectiva de una cumplida realización de la democracia política. En efecto, "cuando todos los ciudadanos tienen igual derecho al voto, y las medidas estatales son adoptadas mediante decisiones de la mayoría, aquellos que están en dificultades económicas serán siempre la mayoría, y en la mayoría el poder político del gran número tiene la posibilidad de reequilibrar el superpoder económico de aquella minoría que tiene en sus manos el poder económico"[40].

---

39   Geiger, *Saggi*, cit., pp. 94 y 95.
40   Ibíd., p. 113.

Por lo demás, el empirismo sociológico del Geiger no se detiene en las meras afirmaciones teóricas, sino que procede a lo largo del camino de las constataciones históricas y sociológicas; las únicas que están efectivamente en condiciones de desmentir la tentativa de nublar los hechos por parte de los doctrinarios marxistas. La igualdad económica no representa necesariamente un presupuesto irrenunciable para la existencia de la democracia política, por el contrario, ella puede ser, como de hecho ha sido, el resultado. La evidencia histórica, en efecto, demuestra que la democracia política del Estado burgués permitió a la clase obrera conquistar una posición económica decididamente mejor que aquella en que vivía en épocas anteriores y, en especial, que esta posición económica tiende continuamente a mejorar hacia una más completa y extendida igualdad sustancial de todos los ciudadanos. Las conclusiones del autor resultan lapidarias en su fuerza sintética: "La teoría del empobrecimiento es una leyenda. Al mejoramiento de la situación económica del obrero nada ha contribuido más que la democracia política"[41]. Probablemente la disolución, a finales del siglo XX, como nieve bajo el sol, de los regímenes de socialismo real del Este, habría podido confirmar estas conclusiones.

En aquellos regímenes totalitarios la ausencia de democracia política permitió la formación de una dictadura burocrática, inclinada exclusivamente hacia la tutela de sus propios intereses económicos y hacia la autopreservación en el control del poder político, es decir que produjo exactamente aquello que la teoría marxista predice en presencia de una relación de producción fundada en la propiedad de los medios de producción. Los hechos han demostrado que poco importa que se trate de propiedad individual o colectiva, para los fines de la formación de un poder hegemónico de control sobre la misma. El Estado, también en presencia de propiedad colectiva, pública, es decir estatal, no cesa de ser una entidad separada de sus ciudadanos y portadora también de intereses completamente ajenos a ellos. En este marco sociológico la clase burocrática estatal o, si se prefiere, partidocrática, toma el lugar de la clase capitalista, mediante el control de los medios de producción, y

---

41   Ibíd., p. 112.

persiste en impedir una distribución mayormente igualitaria de bienes y servicios. En apariencia paradójicamente, los regímenes de socialismo real se derrumbaron por carencia tanto de igualdad como de libertad, pero probablemente más aún por la primera que por la segunda, al menos a juzgar por los requerimientos consumistas que se manifestaron con posterioridad, y por los regímenes políticos que les sucedieron; y dicha eventualidad habría debido resultar previsible de manera clara para un análisis marxista que no hubiese confundido el concepto de propiedad con el de control y, por consiguiente, contribuido a construir regímenes de capitalismo de Estado.

En segundo lugar, la corrosiva crítica de Geiger pone en evidencia la profunda contradicción que aflige al pensamiento marxista. Este, a la autonomía y autorreferencialidad, en el plano teórico, del momento económico, acompaña, en el plano práctico, un modelo de sociedad planificada en lo económico por el poder político. De esta manera, si la planificación económico-política se logra efectivamente, el carácter primario, estructural de la economía desaparece, cesa de existir en la práctica, y la teoría resulta con ello falseada en el plano empírico. "Los factores reales económicos son la variante independiente en el razonamiento histórico-filosófico de Marx. En una sociedad económica totalmente planificada, por el contrario, la constelación del poder político viene a ser, junto con la superestructura de instituciones políticas correspondientes, la variable independiente: y los detentadores del poder sabrán cómo impedir su alteración. La teoría de Karl Marx no es entonces otra cosa que la anti-ideología correspondiente a la realidad de la sociedad liberal de su tiempo. Sus modelos conceptuales se inspiran en esta realidad social liberal, típica de su tiempo, y se encuentran, en cuanto a su validez, limitados a ella. Si la praxis marxista lograra extirpar los últimos residuos de la realidad liberal, las leyes teóricas del marxismo, en las que esta praxis política se inspira, quedarían fuera de juego"[42].

Estas reflexiones acaso puedan contribuir hoy a explicar, más de medio siglo después de haber sido escritas, tanto los motivos por los cuales la disolución a finales del siglo XX de los regímenes de socialismo real

---

42   Ibíd., p. 217.

abrió el camino a nuevos regímenes más o menos democráticos, pero siempre poderosamente capitalistas, como, a la vez, la supervivencia de otros regímenes, formalmente comunistas (China, por ej.), que no obstante permiten en su interior el desarrollo de una economía sustancialmente y también salvajemente capitalista.

A estas alturas hemos llegado muy cerca del corazón de la reflexión antimetafísica de Geiger. Una ideología es por su misma naturaleza un pensamiento unilateral, puesto que expresa las convicciones, los deseos y los intereses de una bien determinada parte social. De esta constatación no escapa siquiera la ideología marxista y su encarnación histórica, como ideología la clase proletaria. Es verdad que la inversión de la dialéctica hegeliana en el materialismo dialéctico permite entrever un sentido, un recorrido en el desarrollo histórico, que puede estar de acuerdo o en desacuerdo con la ideología de una determinada clase social. Pero, aun concediendo la objetividad de dicho recorrido –lo que en cualquier caso resulta imposible desde el punto de vista empírico, como ya se ha dicho–, perdura en todo caso el carácter unilateral de la ideología del grupo o de la clase social victoriosa frente a las demás y, en particular, a la perdedora. Subjetivamente hablando, una ideología de clase puede incluso reflejar los intereses de la misma y situarse del lado victorioso de la historia, pero ello no implica que dicha ideología, no obstante ser justa para sus propios sostenedores, sea también verdadera. En efecto, los conceptos de "justo" e "injusto" no coinciden con los de "verdadero" y "falso". El punto de vista histórico-relativista puede aun predicar como justa una cierta ideología, pero desde el punto de vista teórico-objetivo dicha ideología no necesariamente puede ser considerada verdadera.

"La ideología, afirma Geiger, está determinada por la perspectiva correspondiente a la posición social de quien la piensa, y por ende es pensamiento unilateral. Ella no satisface los requisitos de objetividad establecidos por las ciencias naturales y por tanto es teóricamente falsa"[43].

Con esta afirmación, el autor se ubica, en relación con la crítica del marxismo, en un punto de vista decididamente positivista, es decir desde el punto de vista que, en contra de la dialéctica, acepta la gran

---

43   Ibíd., p. 142.

distinción de Hume entre juicios de hecho y juicios de valor[44]. Pero el positivismo de Geiger no se detiene en la distinción metodológica entre juicios de hecho y juicios de valor, sino que identifica también los juicios de hecho como objeto exclusivo de la investigación empírica, y la propia investigación empírica como criterio exclusivo para decidir la verdad o falsedad de los juicios de hecho. Este severo rigor empirista condena los juicios de valor dentro del ámbito de las meras opiniones subjetivas y, de esta manera, prepara el terreno para aquel niquilismo de los valores y, en particular, de las normas jurídicas que constituye el objeto del próximo parágrafo.

3. Niquilismo de los valores (geigeriano[45]) y nihilismo jurídico

Las ciencias empíricas se presentan como un poderoso instrumento de demistificación de las carencias sociales y de construcción de verdades continuamente revisables de origen completamente humano. Ellas operan mediante una metodología que no permite presuponer la existencia y proteger en los territorios de la niebla del misterio universos inmateriales y metafísicos desconocidos para todos y nunca siquiera percibidos por nadie, más allá del mundo fantástico de los sueños, y que estará en condiciones de demoler de manera inexorablemente sistemática cualquier presunta afirmación de naturaleza absoluta o, peor, cualquier arrogante verdad proveniente de improbables revelaciones[46]. Tanto la sociología general como la sociología del derecho pertenecen,

---

44 La confrontación/choque entre estas dos posiciones anima desde siempre el discurso episte-mológico en sociología y, en particular, animó en la Alemania de los años sesenta del siglo anterior un fuerte debate entre sostenedores de la dialéctica, de un lado, y positivistas y neo-positivista, del otro. Cfr. al respecto AA.VV. *Dialettica e positivismo in sociologia. Dieci interventi nella discussione*, Torino, Einaudi, 1972.

45 Puesto que en diversos lugares se habla genéricamente de "nihilismo ('*nichilismo*') de los va-lores" (comprendiendo así tanto el teórico como el práctico, o sin distinguirlos-especificarlos), en el título hemos agregado entre paréntesis la aclaración "geigeriano", para justificar el uso en el original de "*nihilismo*", y en la traducción de "niquilismo", de acuerdo con el criterio expuesto en la nota 8 del Prefacio (nota del trad.).

46 M.L. Ghezzi, "Verità rivelata e verità relativa: Chiesa cattolica contro Libera Muratoria, un antico conflitto", en *Sociologia del Diritto*, 2004/2, pp. 131-152.

para Geiger, a aquellas ciencias, y encuentran plena aplicación en el estudio crítico del aparato ideológico propio de las sociedades industriales, conducido por el autor. "En particular, como recuerda Alberto Febbrajo, la sociología del derecho de Geiger está llamada a hacer uso de los instrumentos de la ciencia sociológica no sólo con el objeto *teorético* de estudiar empíricamente el derecho de tales sociedades (y a este fin están dedicadas de manera explícita las primeras dos partes de los *Vorstudien*), sino también con el objeto *terapéutico* de identificar y obligar a salir a la luz a las ideologías del interior de la cultura jurídica (como lo muestra el amplio espacio que en la tercera y última parte de los *Vorstudien* está dedicado a los ataques polémicos contra la cultura jurídica de la época)"[47].

Las ideologías se presentan en la historia, a un mismo tiempo, bajo el noble aspecto de las esperanzas y de las ilusiones, pero también en su uso innoble como poder de instrumento de gobierno, de gestión del poder, mediante el cual conquistar el consenso o, incluso, imponer el fanatismo a los propios súbditos, para controlarlos mejor y guiarlos hacia los más aberrantes objetivos sociales. A la objeción corriente de que el ser humano necesita de esperanzas e ilusiones para vivir, Geiger responde con una inquietante pregunta: "Si fuera cierto que la vida sin ilusiones no es digna de ser vivida, ¿cómo podrían las ilusiones conferirle valor?"[48]. Pero aún más inquietante resulta el panorama histórico de las ideologías metafísicas, de las que el autor tuvo desafortunadamente experiencia directa en la primera mitad del siglo anterior. Dichas ideologías, muy lejos de constituir un poderoso elemento de cohesión social pacífica y feliz, con mucha mayor frecuencia excitan los ánimos en dirección a la intolerancia e instigan en las masas la violencia hacia lo diferente, hacia la persecución de la herejía, hacia la cacería de brujas, de la oposición y del adversario[49].

---

47 A. Febbrajo, *Materiali sulla sociologia del diritto di Theodor Geiger*, Pavia, GJES, 1979, p. 12.

48 Geiger, *Saggi*, cit., p. 541.

49 "Metafísica controvertida y filosofía de los valores no pueden sostener la comunidad humana, sino tan sólo desintegrarla; y en cuanto a los esfuerzos de ciertos nuevos profetas, dirigidos a reunir al pueblo bajo una única metafísica, deberíamos haber aprendido lo suficiente de ellos como para no desear que se repitan": ibíd., p. 317.

¿Pero en qué consiste esta metafísica de la que la filosofía de los valores es parte integrante? Sería mejor decir: en qué no consiste, ya que ella evoca la nada, el vacío de las constataciones empíricas y el subjetivismo de las reflexiones racionales. Geiger la describe con pocos pero significativos rasgos icásticos: "los enunciados metafísicos, es decir los enunciados sobre lo 'trascendente', no tienen nada que ver con la verdad (en su) acepción científica: aserciones de este tipo no son ni demostrables ni refutables con ayuda de la percepción sensorial y de conclusiones lógicas. Desde el punto de vista científico son un puro y simple *non-sense*"[50].

La religión, en cuanto fenómeno social, hace parte, con pleno título, del ámbito de estos *non-sense* metafísicos, y altera bajo la presión, bajo el impulso de formas de fe irracional, la serena organización de la vida humana en sociedad. El Occidente cristiano, en especial en el pasado, antes de la palingénesis iluminista, y hoy más que nunca el Oriente islámico, se presentan como irrefutables pruebas históricas del peligro de deriva fundamentalista presente de manera orgánica en las numéricamente principales religiones monoteístas y, probablemente, en todas las religiones[51]. Como es obvio, por desgracia, dicha deriva integrista se complace con demasiada frecuencia contaminando también el ámbito civil y anidándose en los movimientos de masas, en los partidos políticos e incluso en el propio derecho y en las mismas instituciones del Estado. La ciencia empírica se presenta como un poderoso antídoto contra estos fundamentalismos de origen metafísico y contra sus respectivas formas de fe obtusas y arrogantes: "En parte de modo paralelo al Renacimiento, en parte coincidiendo con este, tiene comienzo la ciencia empírica. A medida que se desarrolla, esta deviene de manera creciente la creadora efectiva de nuestra imagen del mundo, desplazando de este rol primero a la metafísica religiosa y luego también a la profana (...) Con el des-

---

50 Ibíd., p. 522.

51 "Los creyentes, bajo la guía experta de su clero, están demasiado ocupados en decidir, matando y masacrando, en nombre de qué dios deban amar a su prójimo (...) Parece, por el contrario, que con ese culto de la vida sentimental, con ese desprecio del intelecto que lo acomuna a otras religiones, el cristianismo nos ha hecho incapaces de una forma avanzada de vida asociada en donde los hombres puedan vivir juntos en paz y armonía: precisamente porque nadie exige de ellos que se 'amen unos a otros'": ibíd., p. 405.

cubrimiento de que toda imagen global del mundo está radicada en la subjetividad de la fe, toda imagen del mundo semejante pierde alcance social"[52]. Para los fines del crecimiento de una sociedad libre, tolerante y democrática, según Geiger, es preferible, más útil una actitud escépticamente dubitativa y tendencialmente atea, más que fideísticamente agresiva en nombre de una entidad metafísica cualquiera que sea (Dios, nación, Estado, justicia, socialismo, fascismo, etc.), y tanto más agresiva cuanto mayormente animada por sentimientos sociales de *pathos* común y difuso[53].

Mientras que los juicios de hecho son las únicas entidades reales aprehensibles mediante la investigación empírica y, por tanto, de los que se puede predicar la veracidad, los juicios de valor, por el contrario, como ya se ha visto, viven y se desarrollan en dicha subjetividad y, por último, se extinguen con ella. Desde el punto de vista de Geiger, el subjetivismo de los valores no se presenta tanto y predominantemente como un carácter ontológico de los mismos, sino como una dificultad de orden metodológico: su naturaleza no factual no permite someterlos a una falsación/verificación empírica, y ello implica que los mismos no puedan ser objeto de predicación en términos de veracidad ni de falsedad. Hasta este punto de la reflexión, el autor parece afirmar una mera ausencia de universalismo y absolutismo valorial bajo la presión de un cada vez más penetrante subjetivismo relativista. En otras palabras, puesto que los valores no serían otra cosa que el simple fruto del arbitrio o el interés de individuos y grupos sociales, elevados al nivel de prefe-

---

52   Ibíd., pp. 316 y 317.

53   "Con ello nosotros elevamos conscientemente y con toda seriedad el ateísmo a fin cultural-educativo" (Geiger, ob. cit., p. 541). "El *pathos* común para una representación de valor no garantiza en lo absoluto que detrás de ella haya una valoración primaria unánime de determinadas realidades. Y lo mismo vale para las representaciones de bienes por los cuales se combate confundiendo el bien con la realización de una idea de valor. Las representaciones de valor alrededor de las cuales los hombres toman partido son generalmente de tipo en extremo inconsciente: Dios como bien supremo, la nación, la democracia, el socialismo, la libertad, la justicia y otros semejantes" (ibíd., p. 465). "La locura a la que muchos han sido convertidos es una religión (...) Y si millones de hombres adhieren a la fe, ellos pueden utilizar la potencia y el imperio de su número, si no para realizar la vida misma, cuando menos para extirpar a los heréticos" (ibíd., 474). En síntesis: "aquello que el humano raciocinio ha elaborado en los centros de estudio y en los laboratorios, es demolido por la palabra enloquecida que truena desde la tribuna y los púlpitos": ibíd., p. 509.

rencias e intereses generalizados, su carácter históricamente transitorio y ocasional resulta evidente, pero igualmente evidente resulta también su indiferencia en cuanto al contenido desde el punto de vista teorético: "(L)a valoración 'justo' no puede recurrir a ningún criterio objetivo y universalmente válido –dicho criterio simplemente no existe–, tan sólo es posible aceptarla como término retórico que sirve para expresar que tal ordenamiento social corresponde a los intereses y las exigencias de quien valora"[54].

Sin embargo, Geiger no se limita a estas consideraciones, sino que va mucho más allá y afirma no ya el simple *non-sense* de los juicios de valor, sino su falsedad propiamente dicha: "(E)l *juicio de valor* se funda, como ya se ha visto, en el hecho de que la relación emotiva es agregada o atribuida al objeto enunciado como su 'cualidad' (bueno, bello, etc.). Por tanto, el juicio de valor no sólo es teóricamente insensato, sino incluso falso: el mismo expresa algo imposible respecto de su propio objeto, diciendo que 'es' bueno, feo u otra cosa. Se trata de una valoración (subjetiva) revestida falazmente de la forma (objetiva) de un enunciado teórico. Quien habla se comporta como si al observar y analizar hubiera comprobado en el objeto la cualidad de la bondad, la belleza, etc."[55]. Si la afirmación según la cual un comportamiento es justo o un objeto es bello pretende sostener la existencia de una cualidad propia del comportamiento o del objeto en consideración, como sucede generalmente en la mente de quienes producen tales afirmaciones, entonces la frase no se presenta como carente de sentido, sino como falsa. En efecto, luego de una verificación empírica no es posible establecer la existencia ni de la justicia de un comportamiento ni de la belleza de un objeto, siendo dichas cualidades propias de quien percibe y no del ente percibido, del sujeto y no del objeto. Justo/injusto, bueno/malo, bello/feo son juicios subjetivos, no cualidades de los hechos, de los comportamientos, de las cosas, como lo son la forma, el color, la densidad, la duración temporal, la sucesión cronológica, el espacio ocupado, la fuerza producida, etc.;

---

54 Ibíd., p. 445. "Con el predicado 'justo', con la consigna 'justicia social' se ha creado sin embargo una ideología que circunda con una aureola el interés puro y simple": ibíd., p. 446.

55 Ibíd., p. 523.

todas estas cualidades, por el contrario, se pueden someter a verificación/falsación empírica y, por tanto, es posible, respecto de las mismas y en el caso específico considerado, predicar su verdad o falsedad.

Por este camino de estudio, Geiger parece coincidir con la Escuela de Uppsala y, en particular, con su fundador Axel Hägerström, pero la crítica de nuestro autor se extiende ulteriormente. Si los juicios de valor no son otra cosa que manifestaciones emotivas de las preferencias y/o los intereses de quienes expresan y sostienen dichos juicios, los mismos no podrán sino carecer de sentido general, es decir no serán otra cosa que mera expresión cuyo sentido es y permanece relativo a quien los expresa. Las valoraciones subjetivas, en cuanto expresión de situaciones emotivas, no podrán ser objetivadas en enunciados cognoscitivos de naturaleza teórica. De esta crítica al significado de los juicios de valor surge su arbitrariedad y, por consiguiente, su carencia de sentido en el plano teórico, que produce ese niquilismo teórico de los valores propio de la Escuela de Uppsala, más allá del cual, sin embargo, Geiger propugna también el niquilismo práctico: "Niquilista teórico de los valores es quien al juicio de valor le niega importancia teórica. Niquilista práctico de los valores es quien no emite ningún juicio de valor"[56].

Puesto que el juicio de valor no se contenta con consistir en una mera expresión de preferencias subjetivas, individuales o colectivas, sino que se propone como un enunciado objetivo, el mismo, por consiguiente, pretende gozar, poseer una carácter teorético real, absoluto, desvinculado del sujeto que lo expresa, como si se tratara de un juicio de hecho. Para su desventura, a la luz de la prueba empírica, semejante presunción, semejante pretensión se disuelve en la nada, y dicha nada no se limita a exiliarlo en el ámbito de las expresiones sin sentido, como simple *non-sense*, sino que, habiendo soportado un proceso de falsación, lo condena a ser un aserto, un enunciado falso. "(D)esde el punto de vista de su *génesis* los juicios de valor son teóricamente carentes de sentido, es decir no son sino superestructuras de sentimientos subjetivos, mientras que desde el punto de vista *intencional* los mismos son enunciados teóricos. Los mismos son entendidos como tales, y como tales pretenden valer.

---

56   Ibíd., p. 553.

En efecto, no es indiferente que A diga '¡Ih!', o que diga 'Esta acción es malvada'. La primera expresión carece de sentido teórico, es decir que no es ni verdadera ni falsa. La segunda, en cambio (...) no es teóricamente insignificante, en cuanto tiende a un sentido teórico, si bien es inadmisible en esta su intención enunciativa. La misma es un enunciado *falso*, en la medida en que su forma e intención son incompatibles con el contenido del enunciado mismo"[57].

De acuerdo con Geiger, los enunciados falsos, al expresar una realidad inexistente, se deslizan fuera del mundo empírico de las ciencias, y por tanto carecen de cualquier valencia heurística; es más, los mismos contribuyen a confundir las ideas y a favorecer luchas, conflictos sostenidos por la nada y combatidos alrededor de la nada. Por consiguiente, puesto que nadie, de manera consciente, insistiría en afirmar enunciados evidentemente falsos, la abstención de los juicios de valor no sería otra cosa que la consecuencia inevitable de su demostrada falsedad. Si el niquilista teórico de los valores, como Hägerström, demuestra su no sentido, el niquilista práctico de los valores, como Geiger, recomienda en la discusión y también en la misma vida social cotidiana la abstención de los mismos, abriendo de esta manera a aquella democracia "sobria" de la que se hablará más adelante.

El conflicto alrededor de los valores se ha demostrado históricamente en extremo violento e irreductible en cuanto envuelve la parte emotiva de los individuos sin permitir que la parte racional supere el conflicto mediante consideraciones objetivas, puesto que tales consideraciones simplemente no existen. Sin embargo, si la necesidad lógica del *nonsense* y de la falsedad de los juicios de valor aún no ha permitido que nuestra evolución cultural renuncie al *pathos* colectivo y a las explosiones emocionales mediante la ascesis emotiva y la abstinencia de los valores, que sea cuando menos la exigencia de vivir en sociedades que no estén perennemente azotadas por situaciones de violencia lo que nos

---

57   Ibíd., p. 455. "En cuanto deliberada enunciación objetiva, dicha proposición (el juicio de valor) cesa de ser teóricamente irrelevante para tornarse simplemente errada. Quien juzga vive en la ilusión de que aquello de lo que habla existe: la belleza, la maldad como cualidad de valor de cosas. En la intención de formular una enunciación teórica, él expresa un juicio sobre algo que existe tan sólo en su imaginación": ibíd., pp. 555-556.

induzca a renunciar de manera definitiva al uso lingüístico y político de los juicios de valor: "La comunión en el *pathos* por una causa se remite a representaciones de valor, y toda comunidad de valores es heroicamente belicosa. Ello es inherente a la esencia misma de la idea de valor y a la naturaleza de la vida de los valores. La idea de valor es prepotente y excluye cualquier otra idea de valor. Experimentar un contenido representativo como valor significa necesariamente confrontarlo con el no-valor de su contrario"[58].

En Geiger, entonces, el niquilismo no consiste en un simple relativismo subjetivista de los valores, sino que avanza mucho más allá de la constatación de que cada quien intenta transformar sus propias preferencias e intereses en valores universales, para poner en discusión la dimensión valorial misma, en cuanto empíricamente inexistente, fantástica. De manera coherente, Geiger se interna por este camino en el estudio de un derecho completamente reconquistado para la facticidad y cuya validez sea definible en términos meramente empíricos; por lo demás, la sociología del derecho, con la que nuestro autor realiza su investigación, no puede permitir otra cosa que el uso del método empírico de investigación[59]. Ciertamente no es éste el lugar oportuno para discutir los resultados obtenidos al respecto por Geiger, pero sin duda la tentativa existe, y ésta permite continuar la reflexión alrededor de las implicaciones jurídicas del niquilismo teórico y práctico de los valores, reflexión que no puede evitar tomar en consideración algunos desarrollos recientes en el debate italiano acerca del niquilismo jurídico.

Para Natalino Irti, el "nihilismo surge sobre la base de la aceptación de un saber: que se ha producido el ocaso de los dioses, que el hombre se encuentra encerrado en la temporalidad de la historia, que 'los juicios de valor están descartados en favor de los juicios de hecho'"[60]. Este saber aplicado al mundo del derecho relativiza en función del consenso más

---

58   Ibíd., p. 461.

59   "El interés desideologizaante de la sociología del derecho de Geiger (llega) a transformar la secular disputada sobre la posibilidad de un estudio científico del derecho en el problema, central también para una teoría general del derecho, de la posibilidad de redefinir en términos rigurosamente empíricos el concepto de validez": Febbrajo, *Materiali*, cit., p. 35.

60   N. Irti, *Nihilismo giuridico*, Bari, Laterza, 2005, pp. 93 y 94.

o menos amplio, dependiendo del modelo democrático o autocrático de gobierno, la legitimidad de las normas y las vacía de su imperatividad respecto de los disidentes. Aparece de esta manera el nihilismo jurídico. El nihilismo jurídico, entonces, sitúa todos los posibles contenidos normativos en un mismo plano, haciendo arbitraria, subjetiva, la escogencia entre uno y otro de tales contenidos. En síntesis, afirmar la justicia o la bondad de un contenido respecto de otro se presenta como un *non-sense*; estamos en presencia de aquel niquilismo teórico, del que ya se ha discutido, que ha penetrado en los territorios del derecho: nihilismo como equivalencia de todos los valores, niquilismo jurídico como indiferencia normativa, insistencia en la reivindicación como universal de su propia justicia, pero no inexistencia de escogencias, de valoraciones, si bien subjetivas. El derecho es elección, es valoración y no puede tolerar la ausencia de elecciones, de valoraciones, so pena de su propia extinción. Y no obstante, Geiger, con el niquilismo práctico, tacha los juicios de valor como falsos, inexistentes, y recomienda, entonces, abstenerse de los mismos, la abstinencia ante las elecciones valoriales, condenando inevitablemente también al derecho, como deber ser, a la extinción. Es verdad que nuestro autor, al recomendar la abstinencia de los valores, realiza una escogencia, pero en la base de dicha escogencia todo el comportamiento deviene mera constatación de lo factual, de lo existente en su variada multiplicidad. "El caos total de los valores, es decir una condición en la que el individuo se adhiere tan sólo a las representaciones de valor propias, sería en este caso preferible y relativamente poco peligroso, puesto que a nadie se le ocurriría nunca realizar sus propios valores contra los de todos los demás"[61]. La abstención mental y verbal del uso de falsos conceptos, como son los juicios de valor, implica en el plano práctico comportamientos autorreferenciados, pero carentes de presunción universalizadora, de un carácter de deber generalizable. Cada individuo en sí mismo considerado se transforma en un ordenamiento jurídico[62]; mejor, el concepto mismo de derecho pierde

---

61   Geiger, Saggi, cit., pp. 462 y 463.

62   "... se alza en el horizonte del nuevo siglo que avanza una nueva figura jurídica, el individuo como ordenamiento jurídico": V. Frosini, "L'ipotesi robinsoniana e l'individuo come ordinamento giuridico", en *Sociologia del Diritto*, 2001/3, p. 5.

en términos de sentido y de función social, en favor de una autonomía individual construida toda ella sobre el rigor de la autoeducación y de la autodisciplina.

Por lo demás, no es casual que Irti, que es y permanece un jurista, recorra hasta el fondo el camino del nihilismo jurídico (nihilismo teórico), pero evite cuidadosamente emprender, en la encrucijada, la vía que lo conduciría al niquilismo práctico, en cuanto en esa dirección se abre el abismo que devora todo derecho, y con este también a los juristas. Para Irti, el derecho se presenta carente de valores objetivos, portador de cualquier contenido normativo, y por tanto se extingue como contenido justo, pero sobrevive, si bien en medio de las tempestades de una democracia cada vez más individualizadora, como contenido relativamente legítimo, como procedimiento productor de normas, en una palabra, como *"nomoducto"*: "La indiferencia de contenido garantiza regularidad y rapidez de producción. Cualquier materia, es decir cualquier hipótesis de norma, puede introducirse en los canales de la producción (nomoductos, como quise definirlos), intentar recorrerlos con éxito, llegar a resultados favorables. El funcionamiento exacto de los nomoductos asegura la posición de la norma, su *validez*: palabra, esta última, que nada dice respecto de la norma en cuanto tal, sobre si ésta es justa o injusta, útil o no, limitándose a expresar la regularidad del proceso productivo"[63]. Ahora bien, estas hesitaciones de Irti no son ajenas a Geiger, quien, si bien afirma que quiere abandonar en la dialéctica social el uso de los juicios de valor, precisa que dicho abandono no significa la renuncia a tener convicciones propias y a realizar escogencias sobre la base de tales convicciones. "El niquilismo de los valores es el resultado de un discernimiento gnoseológico que enuncia cómo están las cosas, mas no cómo deberíamos comportarnos nosotros. Con pretensión de validez afirmamos tan sólo que pensar y conocer son una cosa, y que sentir y querer son otra; que no podemos despachar sentimientos y voluntades subjetivas como conocimientos objetivos sin hacernos culpables de una hipocresía"[64].

---

63   N. Irti, Il *salvagente della forma*, Roma-Bari, Laterza, 2007, pp. 24 y 25.
64   Geiger, *Saggi*, cit., p. 623.

El derecho parece sobrevivir en la forma aséptica de un procedimiento de producción legislativa, animada por el combustible meramente cuantitativo de las mayorías democráticas, que no garantiza ningún contenido particular, sino sólo normas con los contenidos más diversos. El modelo procedimental, despersonalizado, burocrático de gobierno parece prevalecer en toda la sociedad moderna, y Geiger confirma su triunfo: "De otra parte, la tendencia a la burocratización impregna toda la sociedad contemporánea, y no podría ser de otra manera, puesto que la racionalización de la existencia procede parejamente con una rígida centralización bajo la dirección de expertos"[65]. Procedimientos, burocracias y técnicas tienden cada vez más a presentarse como sinónimos de un mismo proceso productivo de decisiones automáticas, ineluctables e ineludibles, casi gobernadas por una necesidad, por un destino deshumanizado, privado de las facultades de querer y de escoger propias del ser humano. Geiger, en el corazón del siglo pasado, parece, por así decirlo, querer comenzar a escribir el drama del *humanismo intelectual*, para recurrir a una expresión suya, e Irti, en los albores del nuevo siglo, parece trazar con el nihilismo jurídico, respecto de aquel, el epílogo al menos parcial en el mundo del derecho; ahora bien, es probable que ambos hayan vivido la tragedia de la modernidad, de ese politeísmo irreductible de los valores anticipado por Max Weber y ahora plenamente realizado por la historia occidental. En efecto, en la fase épica del conflicto trágico Irti afirma: "Cada quien obedece a su propio *daimon* (diría Max Weber), se compromete y lucha por una determinada visión del mundo, observa y juzga las cosas desde un punto de vista personal. Pero esta ebullición, esta eflorescencia, que a menudo luce como tinieblas y caos, no está sujeta a ningún tribunal, y no se pliega a otra cosa que a la efectividad del curso histórico. Aquí el jurista, puesto que no posee ningún criterio que se alce por encima del temporal suceder de normas, no tiene nada que decir: éste, al igual que cualquier hombre, toma partido entre ideologías, pasiones y visiones del mundo, pero no bien la norma haya sido producida según las formas convenidas, inclina la cabeza y calla"[66]. Y

---

65   Ibíd., p. 118.
66   Irti, Il *salvagente*, cit., p. 54.

también Geiger aconseja callar en esta fase crítica, recomendando la abstinencia de los juicios de valor; con ello parece retomar la admonición de Ludwig Wittgenstein: "De aquello de lo que no se puede hablar, se debe callar"[67]. Mas, en seguida después, en la fase de pleno y cumplido nihilismo, así como Geiger intenta recuperar en el *iluminismo crítico* y en la democracia sobria la dimensión política, de la misma manera también Irti no abandona el derecho a su destino de nada. Cuando la política y el derecho ya han caído juntos (*simul stabunt, simul cadent*) bajo los golpes, de una parte, del subjetivismo individualista y, de otra, de la técnica, de esta monstruosa máquina capaz de realizar cualquier fin[68], Irti lanza un último, casi inesperado grito de desconsuelo: "(E)l mundo del derecho, *en cuanto mundo de las decisiones y de la elección en circunstancias determinadas*, no puede resolverse en un aparato tan formidable como carente de fines"[69]. Y, no obstante, acabábamos de constatar que el derecho se había ya reducido a mero *nomoducto*, a simple procedimiento, a técnica productora de normas; el derecho como contenido ya había sido abandonado a su suerte de nada nihilista; parecía pacífico que el concepto de derecho no expresa ya contenidos normativos específicos, sino que se limita exclusivamente a indicar en el mero procedimiento legislativo de formación de las normas su origen, su génesis. Sin embargo, la fuerza y el peso de la tragedia incumben sobre los protagonistas humanos y, para decirlo con Dante: "*poscia più che 'l dolor, poté il digiuno*"… de los valores[70].

La tragedia de la modernidad consiste precisamente en este no querer tomar conciencia del *non-sense* de los valores y de su inexistencia teorética, es decir de la imposibilidad empírica de establecer su existen-

---

67   L. Wittgenstein, *Tractatus logico-philosophicus e Quaderni 1914-1916*, Torino, Einaudi, 1974, p. 82.

68   "Un aparato existencial técnicamente muy evolucionado y ampliamente ramificado puede subsistir y funcionar tan sólo en virtud de una macro organización racional (...) Las inmensas dimensiones del aparato comportan asimismo su autonomía 'cosal'. De manera que, una vez construido e iniciado, éste se transforman una máquina que funciona independientemente de las voluntades de los individuos y en cuyo mecanismo es posible interferir tan sólo con el riesgo de trastornar el orden del todo": Geiger, *Saggi*, cit., pp. 489 y 490.

69   N. Irti y E. Severino, *Dialogo su diritto e tecnica*, Bari, Laterza, 2001, p. 20.

70   D. Alighieri, "Inferno, Canto XXXIII", en *Tutte le opere*, Firenze, Sansoni, 1965, p. 494. ("después, más que el dolor, pudo el ayuno": v. 75, trad. Ángel Crespo – nota del trad.).

cia. Si las tragedias, por definición, no pueden presentar un final feliz, las mismas, no obstante, a menudo representan una fractura, un abismo más allá del cual es posible continuar el camino según nuevos y diversos modos de pensar, parámetros, *paradigmas* de juicio[71].

Geiger, tímidamente, intenta indagar mediante la sociología, en cuanto ciencia empírica, un derecho del todo factual y, como negación de todo deber ser, afirma: "El niquilista práctico de los valores actúa de conformidad con las exigencias de la sociedad no 'porque esté bien' actuar de esa manera, o 'mal' actuar de otra, sino porque la interdependencia social hace necesaria la inserción en un determinado orden de comportamiento"[72]. E Irti, con extrema conciencia, comienza su texto sobre el nihilismo jurídico afirmando: "El libro sobre el nihilismo jurídico está aún por escribirse. Aquí se encuentran sugerencias y fragmentos: direcciones y no caminos ya recorridos, expectativas y no resultados de investigación"[73]. Acaso, para ir más allá, el acento se deberá poner en ese concepto de "necesidad" que apenas emerge en las páginas de Geiger, pero que anima tras bambalinas el diálogo entre Irti y Severino sobre derecho y técnica[74]. Acaso el derecho deberá finalmente ser observado más atentamente como un ser y no como un deber ser, es decir ya no desde un punto de vista ético sino, tal vez, desde un punto de vista estético. Acaso la factualidad deberá ser tomada en consideración más seriamente en su objetividad y necesidad. Acaso la tragedia tiene escenarios más amplios que los jurídicos, como parece sugerirlo Emanuele Severino, pero esto será tema de las próximas páginas.

4. Hacia una democracia "sobria"

El *non-sense* y la falsedad de los juicios de valor obliga a moverse en la vida política, y en particular en la democrática, que es la que mayor-

---

71   Cfr. Th.S. Kuhn, *La struttura delle rivoluzioni scientifiche, Come mutano le idee della scienza*, Torino, Einaudi, 1978.

72   Geiger, Saggi, cit., p. 558.

73   Irti, *Nihilismo giuridico*, cit., p. V.

74   Irti y Severino, *Dialogo*, cit.

mente le interesa a Geiger, de acuerdo con modalidades comportamentales profundamente innovadoras respecto al pasado. En primer lugar, son puestos bajo acusación el *pathos* y la emotividad individual, y aún más la colectiva[75], como fomentadores de insensatas discordias y de luchas sin posibilidad de solución. Se trata de intelectualizar el conflicto y de anestesiar los sentimientos para permitir un sereno y tranquilo análisis de los hechos y una reposada confrontación entre opiniones divergentes[76]. El conflicto acerca de los juicios de valor no sería otra cosa que la supervivencia de antiguos modos de pensar primitivos, metafísicos, en plena edad científica, positivista y empirista: "(L)a búsqueda de la verdad teórica ignora el concepto de desdén y (las) resistencias emocionales no son argumentos válidos"[77].

En segundo lugar, el ser humano debe, para poder vivir en un sistema democrático, conquistar una propia individualidad autónoma, ya que la democracia se funda en la igual capacidad de todos los ciudadanos de autogobernarse gracias al principio mayoritario. A través del Renacimiento y la Reforma, la sociedad europea conquistó fatigosamente el concepto de personalidad autónoma, dejándose a sus espaldas las anteriores concepciones comunitarias y corporativas. El individuo dejó de depender de colectividades más o menos extensas, que le atribuían estatus y rol social, para devenir sujeto autónomo de su propia existencia, protagonista libre e igual, entre libres e iguales, de la vida política del Estado al que pertenece. No solo: el individuo ya no soporta el condicionamiento por parte de las diversas formas de fe ideológica y religiosa, de los juicios de valor, que le eran impuestos por la tradición o por los grupos de pertenencia, sino que es libre de formarse por sí mismo sus propias convicciones, de autoadministrarse en su propio y personal modelo de vida: "Se despierta la idea de la autonomía y de la orientación autorresponsable de la existencia individual, mientras la sociedad va adoptando cada vez más aquella estructura 'atomizada' que garantiza la libertad

---

75 "¿El *pathos* colectivo libera al hombre de la gris vida cotidiana? Igual hace el uso de estupefacientes. ¿Es ello un motivo para favorecerlo?". Geiger, Saggi, cit., p. 472.

76 "El mundo no conocerá una tranquilidad más segura mientras sus filósofos extraigan la sabiduría de los sentimientos": ibíd., p. 304.

77 Ibíd., p. 409.

de movimiento del individuo. El individuo cesa de estar vinculado por la tradición o la autoridad: en principio, es puesto en libertad"[78]. Los anteriores son los presupuestos irrenunciables para construir un sistema efectivamente democrático, y para Geiger es extremadamente clara la exigencia de desarrollar y reforzar tales presupuestos, puesto que "los destinos futuros de la democracia dependen de la individualización del ciudadano"[79].

En tercer lugar, la democracia se presenta como hija histórica del Iluminismo, pero este último, una vez derrotadas, gracias a las ciencias empíricas, las formas de fe mitológica, religiosa y metafísica, esperó, a causa de un racionalismo a su turno prisionero de un modo de pensar metafísico, poder subordinar a verdades objetivas también las problemáticas morales, sociales, políticas y jurídicas; esperanza que no puede sino ser definitivamente abandonada: "El iluminismo moderno sabe que esto es utopía e ilusión metafísica"[80]. Geiger, entonces, realiza una profunda obra de demistificación y de innovación también en el seno del propio pensamiento iluminista, liberándolo mediante una rigurosa crítica empirista de las escorias absolutistas y metafísicas provenientes de la ilusión optimista en un conocimiento universal, progresivo y conquistado de una vez por todas, que tienen su origen en los siglos XVII y XVIII. Nuestro autor, en resumen, propone un nuevo iluminismo, que define *crítico* en cuanto siempre renovable en sus contenidos, perennemente en transformación e incesantemente sometido a la duda, a la verificación empírica, a la revisión racional.

Si, de una parte, el iluminismo crítico se presenta como "conciencia de que *todos* los profetas son falsos profetas"[81], y de que "la persona críticamente ilustrada debe saber sobre qué cuestiones no es posible saber nada, cuáles son los problemas respecto de los cuales no es posible expresarse con pretensión de validez objetiva"[82], de otra, el mismo

---

78   Ibíd., p. 476.
79   Ibíd., p. 402.
80   Ibíd., p. 587.
81   Ibíd., p. 574.
82   Ibíd., p. 573.

se caracteriza como "facultad espiritual", como "progreso del devenir hombre", como "humanismo intelectual"[83].

La perspectiva política en la que se mueve Geiger es la perspectiva de la democracia occidental, que presupone como necesaria, para su propio funcionamiento, la existencia social de individualidades humanas conscientes, autorreferentes, autónomas y todas equivalentes, situadas en un mismo plano; en efecto, nuestro autor afirma: "En el largo plazo, la conservación de la democracia exige perentoriamente que el iluminismo crítico esté universalmente difundido"[84]. Sin embargo, Geiger es consciente de los procesos en acto en las modernas democracias de masas y, en particular, de ese proceso de despersonalización que puede ser definido como de burocratización. Procedimientos y competencias técnicas tienden de manera creciente a hacer rígida la relación política y a tornarla ajena a la vida cotidiana del ciudadano. Los conocimientos normales y corrientes difundidos entre la población media parecen ser cada vez más insuficientes para conocer y decidir acerca de las principales cuestiones relativas a la realidad social en la que vivimos, y el propio proceso decisorio institucionalizado se ha transformado en un exasperado tecnicismo artificial desconocido para los más. Se cierne la marginación del ciudadano medio: "Después de la pérdida de autoridad del elector por obra del político profesional, hay quien espera la pérdida de autoridad del político profesional por obra del funcionario especializado"[85]. Se trata de fenómenos sociales ineludibles, pero no por ello ingobernables con adecuados instrumentos teórico-conceptuales y, por consiguiente, también práctico-sociales. Acaso, una vez más, podría ser necesario saber mirar el mundo sin *pathos*, sin la categoría de la universalidad y de la objetividad de los juicios de valor, es más, incluso sin los propios juicios de valor.

Ya se ha tenido manera de recordar que el concepto de *nihilismo* no coincide con el concepto de *niquilismo* de Geiger; en efecto, mientras el primero se limitaba a afirmar el relativismo, la equivalencia, la in-

---

83   Ibíd., p. 624.

84   Ibíd., p. 532.

85   Ibíd., p. 602.

diferencia en relación con cualquier juicio de valor, el segundo, por el contrario, desaconseja decididamente aun el mero uso de los juicios de valor y sostiene una radical abstinencia respecto de los mismos. En el ámbito de los múltiples nihilismos que han atravesado la historia cultural y política de Occidente, por su actualidad y su carácter específicamente jurídico reviste un particular interés, para los fines de las reflexiones desarrolladas en este lugar, el nihilismo jurídico propuesto por Natalino Irti[86] y el posterior debate sobre el tema con Emanuele Severino.

Para intentar comprender lo más fielmente posible los puntos de vista de ambos autores, tanto en sus aspectos convergentes como en los divergentes, para mejor desarrollar posteriormente el pensamiento de Geiger, conviene partir del concepto de técnica propuesto por Severino. La técnica misma, entendida como instrumento para realizar un fin, deviene, según el autor, en la modernidad occidental, un fin, invirtiendo la perspectiva inicial. Y a lo largo de este camino ella "está destinada a convertirse en el principio ordenador de toda materia, en la voluntad que regula cualquier otra voluntad"[87]. En efecto, la burocracia y el derecho mismo no son otra cosa, en el mundo contemporáneo, que subsistemas del sistema tecnológico: "Ante todo, el sistema tecnológico está constituido por subsistemas –económico-industrial, financiero, burocrático, jurídico, militar, sanitario, escolar...–, que se organizan progresivamente según la racionalidad técnico-científica"[88]. Así entonces, no sólo el subsistema burocrático tiende a reemplazar al jurídico, sino que ambos parecen destinados a naufragar en el macrosistema tecnológico.

El fracaso del socialismo real, que ya Geiger presagiaba que se aproximaba tanto a partir de la confusión entre propiedad y control de los medios de producción como de la formación de un nuevo grupo social dominante, la burocracia estatal y de partido, precisamente, es aducido por Severino como ejemplo de la realización empírica de la inversión tecnológica entre fines y medio sociales: "El desgaste del fin

---

86   Cfr. N. Irti, *Nihilismo giuridico*, Roma-Bari, Laterza, 2005. Cfr. asimismo A. Febbrajo, "Nihilismo giuridico e sociologia del diritto", en *Sociologia del Diritto*, 2006/2, pp. 169 a 180.

87   Irti y Severino, Dialogo, cit., p. 27.

88   E. Severino, *La follia dell'angelo*, Milano, Mimesis, 2006, p. 69.

es la progresiva renuncia a salvaguardar cualquier aspecto de este para salvaguardar el funcionamiento óptimo del instrumento. En esta dirección se produjo en la Unión Soviética el desgaste de ese fin en el que consistía el socialismo real"[89].

Sin embargo, ante este inexorable *destino de Occidente*, para recurrir a una expresión muy del agrado de Severino, se trata de poner en evidencia cuál es el verdadero punto de vista de que parte el autor, y para ello puede ser útil indagar en el concepto de *interpretación*. "Que exista algo así como la sociedad humana, la cual se desarrolla en la historia con ritmos y formas políticas, jurídicas, económicas, religiosas, morales, artísticas, culturales, etc., *no* es una verdad incontrovertible: es el contenido de una *interpretación*. La interpretación establece nexos entre significados y eventos (...) Quiero decir que, aun antes de afirmar que el valor del derecho no consiste en otra cosa que en el éxito de la voluntad que quiere ciertos contenidos, se debe afirmar que la *existencia* misma de algo como 'derecho' (...) no tiene el valor de una verdad incontrovertible, sino que es *puesta, im-puesta* por la interpretación"[90].

En resumen, Severino intenta evidenciar cómo la dialéctica entre estructura y superestructura social o, si se prefiere, entre sistema y subsistemas sociales, no es otra cosa que apariencia fruto de interpretación; es la interpretación la que da forma, cuerpo a los eventos, y también la forma, el cuerpo del derecho, de la economía y de la técnica misma. *La locura del Ángel*, para retomar el título de un reciente libro del autor, que de otra parte no es más que la misma locura de todo el Occidente, consiste precisamente en la tentativa realizada por la interpretación de derrotar la angustia existencial de la nada, de la muerte; primero a través de una *epistéme* de eternidad trascendente y, luego, una vez caída ésta bajo los golpes inexorable de la crítica empírica, de una visión de perenne fluir desde la nada y en la nada de las cosas, de incesante devenir alienante [91]. En el choque entre *epistéme* trascendente y devenir inmanente se consuma la tensión entre derecho natural y derecho positivo, entre

---

89   Irti y Severino, *Dialogo*, cit., pp. 91 y 92.

90   Ibíd., pp. 63 y 64.

91   E. Severino, *La filosofía futura, Oltre il dominio del divenire*, Milano, Rizzoli, 2006.

justicia y legalidad, entre contenido y forma de las normas, en síntesis, entre derecho y nihilismo jurídico. El nihilismo jurídico, para Irti, se presenta como el final de todo contenido estable, inmutable, justo del derecho, mas no como el final del derecho mismo. El individualismo, la autonomía autorreferente de cada ser humano y el politeísmo de los valores[92] han disuelto la justicia, la *epistéme* severiniana, pero no la forma del derecho, que sobrevive como técnica de control social, como procedimiento productor de normas, como nomoducto: "los canales de los procedimientos –esos que podríamos denominar *nomo-ductos*, puesto que conducen las voluntades desde la proposición hasta la posición de normas– están listos para *acoger cualquier contenido*"[93]. Irti defiende la supervivencia del derecho como técnica, y con ella la de sus sacerdotes-burócratas-técnicos (juristas, abogados, magistrados, etc.). En una visión mitológica, cargada a un mismo tiempo de tranquilizadora estética nostálgica y de inquietante realismo histórico, el autor emite el último y profético dicho del jurista: "La elección de los fines pertenece a la decisión política: la norma jurídica levantará el vuelo, como la hegeliana lechuza de Minerva, tan sólo en el umbrío crepúsculo"[94].

Mientras que Irti se mueve en el actual escenario de la historia de Occidente, Severino se agita y escribe un nuevo libreto de la historia tras bastidores; problematiza, como interpretación, el devenir, el movimiento, el generar y, por tanto, también el elegir, el valorar y juzgar. Trae a la palestra al *destino*, que, como el hado, la necesidad, nunca es mudable, aleatorio, fruto de libre elección, sino que es como es, puesto que no puede hacer otra cosa que ser así como es. No sólo: el destino

---

92   "El derecho nace ahora de las fuerzas en campo, de relaciones de voluntad, confiadas a la contingencia y la causalidad. Toda norma es lábil y provisional. Es sacada de la nada, y puede ser nuevamente empujada a la nada. El cotidiano y afanoso discurrir, por parte de los juristas, sobre 'valores' puestos más allá y por encima de las voluntades, no devuelve un centro, sino que más bien revela su irreparable pérdida. Aquellos 'valores' son puestos en cartas constitucionales o declaraciones universales, es decir en otros *documentos de la voluntad humana*, siempre revocables, modificables, violables. Se descubre así que ellos no provienen de una fuente universal e incondicionadamente válida, *sino que existen porque los hombres quieren que existan*, que su sentido deriva de la voluntad de que tengan un sentido. Su obligatoriedad no es diferente de la obligatoriedad de cualquier otra norma": Irti, *Nihilismo giuridico*, cit., p. 45.

93   Irti y Severino, *Dialogo*, cit., p. 45.

94   Irti, Il *salvagente*, cit., p. 133.

existe en una suerte de eterno presente, en donde el pasado y el futuro aparecen más como aspectos prospectivos del presente que como entidades separadas, más como espacios limítrofes que como tiempos que se sucedan[95]. La técnica misma ya no es el triunfo de la operatividad sobre y en el devenir, sino una, acaso terminal, ilusión interpretativa de una relación con una realidad que sigue sin mostrar su verdadero rostro; y el derecho, como procedimiento, como nomoducto, no es otra cosa que una de las muchas máscaras de una voluntad inexistente o igualmente existente en el desmoronamiento de una montaña, en la órbita de los astros y en la decisión de un legislador, de un juez o de un desviado. Las sugestiones que surgen de estas reflexiones traen de nuevo a la mente las nunca del todo olvidadas temáticas deterministas de la Escuela penal positiva italiana de fines del siglo XIX, los interrogantes no resueltos acerca de la existencia del libre albedrío humano[96] y, no último en cuanto a su importancia práctica, el surgimiento de una represión preventiva y desligada de la voluntad y la responsabilidad de la actuación humana, materializada en la forma jurídica de las medidas de seguridad, las cuales parecen imitar más la intervención sanitaria que la jurídica. Severino parece no querer eludir estas sugestiones, y las enfrenta en el propio campo de batalla de éstas, el del devenir, precisamente, y el de su negación, con las consecuencias que tal negación comporta.

Si el nihilismo se manifiesta con una fuerte valencia política que subjetiva y relativiza todo juicio de valor, todo deber ser, como una forma de multiplicación de los valores y una exasperación de la arbitrariedad de los comportamientos humanos, Severino llama la atención sobre los entes, que barren como una mera apariencia la oscilación del devenir

---

95   Cfr., para una visión del problema desde el punto de vista de la física moderna, J. Barbour, *La fine del tempo, La rivoluzione física prossima ventura*, Torino, Einaudi, 2003.

96   "El libre albedrío constituye un problema puesto que nosotros nutrimos dos convicciones del todo inconciliables, cada una de las cuales nos parece por completo correcta y, en efecto, inevitable. La primera es que para cada suceso que ocurre en el mundo existen con anterioridad determinadas causas suficientes (...) Nuestra adhesión al determinismo equivale a la convicción de que aquello que vale para la caída del estilógrafo vale para cualquier otro evento que ya haya ocurrido en el pasado o que ocurrirá en el futuro. La segunda convicción que nutrimos, aquélla según la cual disponemos efectivamente de libre albedrío, se basa en ciertas experiencias de la libertad humana. Tenemos experiencia de casos en los que decidimos hacer algo y luego lo hacemos": J.R. Searle, *La mente*, Milano, Cortina, 2005, pp. 195 y 196.

entre una nada pasada y una nada futura, y como ficción la voluntad precursora de normas, de elecciones y juicios. "La permanencia de las eternas constelaciones del ser es su ser-ya, y su ser-ya es su permanencia, puesto que en su significado más profundo el ser-ya y el permanecer son la eternidad del ser-ahí (...) La voluntad es persuasión de dominar el mundo; vale decir, es error. En la historia de Occidente, la voluntad domina el mundo, determinando y controlando su oscilación entre el ser y la nada, y por tanto ella es error en sentido estricto"[97].

Con el devenir se desploma también la voluntad y el deber ser; con ello, se desmorona el presupuesto mismo de la existencia del derecho y de sus normas. La evidencia del devenir ha derrotado la metafísica de la *epistéme*, pero la técnica, que de ello se ha derivado, al operar sin fines predeterminados y fluctuar entre innumerables hipótesis, interpretaciones y valores, logra operar sólo en el mundo de los juicios de hecho, en el mundo de los procedimientos y de los nomoductos. Este mundo carente de deber ser, de juicios de valor y de contenidos normativos, de una parte, hace vano el sentido de la voluntad y de la elección y, de otra, hace el devenir a tal punto homogéneo, indiferenciado e indiferente desde el punto de vista del significado, que lo torna también interpretativamente inútil. El destino, la necesidad pueden ya sustituir también el devenir: "El nihilismo se desploma - si bien su fantasma continúa dominando la tierra"[98].

Con estas afirmaciones Severino nos ha reconducido al mundo de los solos juicios de hecho, de las ciencias empíricas, de la sociología del derecho, en cuanto ciencia empírica. En este mundo no existen juicios de valor y el derecho no es otra cosa que un mero comportamiento factual, una simple evidencia histórica, perteneciente al ámbito de los fenómenos sociales. Todo se mueve en la inmediata evidencia de un continuo presente, que intenta absorber en sí el pasado a través de la documentación histórica y el futuro a través del probabilismo estadístico. Pero en este mundo nos esperan también Geiger y su niquilismo. El derecho

---

97   Severino, *La filosofía futura*, cit., p. 358.
98   E. Severino, *Cosa arcana e stupenda, L'Occidente e Leopardi*, Milano, Rizzoli, 2006, p. 455.

es un hecho, y también los procedimientos de producción, las técnicas son hechos. "También el derecho es un factual 'proceder'", afirma Irti[99]; y le hace eco Severino: "La técnica (...) tiene un carácter simplemente factual: es un simple hecho el que esta potencia tenga una capacidad de realizar fines superior a la de cualquier otra fuerza"[100].

Para Geiger el ser humano, mientras las ciencias positivas y empíricas se desarrollaban y construían las sociedades modernas, permaneció adormecido en el estadio metafísico de desarrollo –como sostuvo también Auguste Comte–, y el derecho, de manera general, corrió la misma suerte. "Se dice que los hombres son más felices cuando pueden creer en un eterno-trascendente tras la mudable transitoriedad de la vida cotidiana. Por ahora faltan las pruebas para ello. Así no obtuvieran respuesta a los 'interrogantes últimos de la existencia', yo no veo que esto deba considerarse una pérdida, no siendo las diferentes respuestas proporcionadas a través de milenios otra cosa que sueños de visionarios"[101], afirma Geiger, y de manera consecuente intentar reconducir los valores y el derecho fuera de la niebla de un pantano de abstractos y éticos deberes heterónomos, lejos del *pathos* de los fantasmas colectivos y de la intolerancia absolutista de los individuos. En efecto, el niquilismo de los valores propuesto por el autor no se limita a enunciar la arbitrariedad, el subjetivismo, el relativismo de cualquier valor, sino que desaconseja con determinación el uso mismo de los juicios de valor en la argumentación social. Los juicios de valor, en cuanto instrumento explicativo de los comportamientos humanos, deberían desaparecer de la manera de pensar, de hablar y de actuar social, y el iluminismo crítico debería ocupar su lugar como instrumento de análisis, de reflexión y conocimiento de la única realidad de la que se pueda tener alguna conciencia objetiva: la realidad empírica. "Con base en el criterio crítico-cognoscitivo los juicios de valor son entonces enunciados inadmisibles, en cuanto afirman algo que no puede ser afirmado, expresan una insensatez"[102] (100).

---

99 Irti y Severino, *Dialogo*, cit., p. 110.

100 Ibíd., p. 96.

101 Geiger, *Saggi*, cit., pp. 540 y 541.

102 Ibíd., p. 452. "El iluminismo crítico, por el contrario, ha descubierto la verdad cardinal de que respecto de determinadas condiciones no existe verdad cognoscitiva, y concretamente

Sólo a la luz de un iluminismo crítico que aleje definitivamente al ser humano del uso de los juicios de valor será posible construir aquella que Geiger define una *democracia sobria*, es decir una democracia carente de *pathos* intolerante y plenamente consciente de los argumentos acerca de los cuales es posible expresar alguna opinión y de aquellos, por el contrario, alrededor de los cuales ninguna opinión es posible y es, por tanto, oportuno callar: "La democracia no sufre por el hecho de que sus ciudadanos sean demasiado poco activos, sino de que lo sean de una manera y en un lugar equivocado. La democracia es cosa de la razón, no puede vivir de sentimientos y emociones"[103]. Como es obvio, para emprender el camino de la democracia *sobria* un papel determinante le corresponde a la educación, en general, y a la escolar de los jóvenes, en particular: "Queremos decir (...) que la mayoría de las personas no han aprendido a hacer pleno uso de su propia inteligencia, que ésta se encuentra insuficientemente desarrollada y en parte inutilizada: y ello debido a un sistema educativo y escolar que encuentra la manera de limitarla y deformarla"[104].

En este cuadro, el derecho conoce una licuefacción progresiva (el uso del término *licuefacción* hace intencionalmente referencia a Zygmunt Bauman) con el deber ser, con los juicios de valor, y las disciplinas jurídicas abandonan el ámbito de la ética para abrirse camino en el de la estética. "El desacuerdo sobre las valoraciones primarias sensoriales-estéticas no ofrece ningún motivo para un conflicto. Para mi ambiente es irrelevante si prefiero grillos salteados o caracoles cocidos, si prefiero una estadía en los Alpes o a la orilla del mar. Si, en cambio, tales valo-

---

para aquellas condiciones 'suprasensibles', así como para todas aquellas que nos implican con nuestros afectos, estado de ánimo, hábitos, intereses y voluntad, y en la medida en que nos implican. Ello es válido en particular para las enunciaciones pragmáticas en sentido estricto, es decir para las que determinan un actuar, como: se debe aspirar a la igualdad social; o bien: el derecho de propiedad es la base necesaria de toda sociedad civil, etc. Quien se encuentra teóricamente iluminado sabe que quien pretende pronunciar una verdad sobre tales relaciones, en virtud de esta misma pretensión dice implícitamente una falsedad": ibíd., pp. 531 y 532.

103 Ibíd., p. 611.

104 Ibíd., p. 510. "La evolución técnica no puede ser invertida, de manera que no nos queda sino una vía: intelectualizar al hombre, de manera que sepa enfrentar su propio técnica y su propio aparato existencial racional (...): habituar al hombre a que se abstenga mediante la intelectualización del *pathos* colectivo": ibíd., pp. 479 y 480.

raciones primarias indiferentes para el ambiente son superestructuras de representaciones de valores ideales, aun en el caso en mención será posible llegar a un conflicto"[105]. El concepto de *justo* resulta tan arbitrario como el de *bello*, y el concepto de *me gusta* resulta irrelevante para cualquier conocimiento objetivo de la realidad. En Geiger viene a caer definitivamente el sentido objetivo de los juicios de valor y del derecho en cuanto juicio de valor; perdura solo un actuar factual, sobre el cual se aplica, de manera limitada a su fenomenología jurídica, la sociología del derecho, con la guía de una razón crítica, carente, en la medida de lo posible, de sentimientos y de *pathos*. Severino diría, acaso, con la guía de una razón técnica. Pero Severino da un paso más: con el devenir viene a caer también el sentido mismo de la interpretación, de juzgar, de actuar. Sin embargo, tanto en el uno como en el otro se disuelve el sentido de la razón práctica. Ciertamente Severino alza la mirada más allá del devenir, mientras que Geiger sigue observándolo desde adentro, si bien pone en evidencia todas las contradicciones inmanentes de este devenir, toda la incierta precariedad y, en la búsqueda de alguna roca, permítasenos la metáfora, entre tantas arenas movedizas, llega a un iluminismo crítico muy semejante a una razón técnico-científica. Sobre estas rocas, extremo baluarte del devenir, lo espera Severino. El horizonte del devenir muestra, al Occidente, el desarrollo de las técnicas, entre las cuales también las jurídicas, como máxima potencia de realización de fines, hasta la inversión misma del medio en fin, y la *democracia sobria* como forma política de este triunfo de la Técnica. El nihilismo jurídico de Irti relativiza y disuelve los contenidos normativos, pero conserva su forma, el fantasma; el niquilismo de Geiger da un paso lógico adicional, exorcizando también el fantasma de la forma y negando la oportunidad misma de usar el instrumento normativo, entendido en su dimensión de juicio de valor, en cuanto intrínsecamente falso. Este es el último, extremo paso

---

105 Y prosigue: "Al parecer en las sociedades primitivas existen normas, o al menos convenciones, que regulan cuestiones de gusto de las que no es posible distanciarse sin crear desaprobación. Pero precisamente tan sólo en las sociedades primitivas. Se debe hacer notar que la interferencia del ambiente en las actitudes valorativas del individuo es evidentemente tanto más invasiva cuanto más primitivas es la sociedad: de ello se puede concluir que a la anterior evolución hacia condiciones sociales más refinadas debe corresponder una ulterior reducción de estas interferencias": ibíd., pp. 458 y 459.

posible en el mundo del devenir, que borra el derecho como elección, como voluntad, pero conserva el actuar humano y, por ende, también el derecho, como juicio de hecho, como mera constatación descriptiva del acaecer social, compatible tanto con el devenir como con su ausencia; más allá, al Oriente, se abre el horizonte del destino, de los entes de Severino, del eterno presente, en el cual no sólo el derecho, como categoría, resulta completamente carente de sentido, sino que es el actuar mismo, como devenir, el que no encuentra significado alguno.

Dios ha muerto finalmente en la modernidad, y con él han muerto los juicios de valor y la justicia heterónoma: pero también el derecho, como instrumento de reglamentación de los comportamientos humanos –para decirlo con el conocido cómico norteamericano Woody Allen–, no goza de buena salud. Por lo tanto, para seguir viviendo, para permanecer en el mundo del devenir, en la interpretación occidental de la realidad, es urgente repensar la idoneidad misma del derecho, de sus instituciones de justicia y de sus operadores para continuar disciplinando, organizando los comportamientos humanos. La alternativa, también ella desafortunadamente fruto de interpretación, nos la ofrece Severino y nos conduce más allá del devenir, más allá del deber ser y el derecho, más allá de la muerte de Dios, pero también más allá de su nacimiento. Nos conduce a la puerta de los senderos de la Noche y el Día, a la que fue conducido, en un carro tirado por caballos y acompañado por las Hijas del Sol, Parménides. En efecto, más allá de dicha puerta: "Así el nacimiento se apaga y la muerte permanece ignorada"[106].

---

106 Parmenide, *Sulla natura*, Milano, Rusconi, 1998, p. 51.

LA SOCIOLOGÍA DEL DERECHO
DE THEODOR GEIGER

EXPLICACIÓN DE LOS SÍMBOLOS

Σ Agregado social

M   Miembro del agregado social; en plural, MM; en singular, con diversos subíndices: M_1, M_2, etc.

s   Situación típica

g   Comportamiento típico

$\rightarrow$ "entonces"; ej.: s $\rightarrow$ g significa "'s' entonces 'g'"

t   Tabú, es decir: el comportamiento 't' está prohibido

–   Situado sobre un símbolo significa: "cualquier cosa diferente de la indicada por el símbolo"

H   El sujeto agente (al igual que M, puede ir seguido de un subíndice)

B   La persona interesada por la acción de otro; el beneficiario (al igual que H, puede ir seguido de un subíndice)

v   (*Verbindlichkeit*) Obligatorio, obligatoriedad

A   Destinatario; la persona a la que se dirige el precepto normativo

÷   "un posible beneficiario"

w   Enunciado verbal de lo que se sigue de 'w'

Ω "los demás"; público, opinión pública del agregado social

A_c El destinatario que transgrede la norma

r   Reacción de la opinión pública

Δ Juez, instancia judicial (también con subíndices)

π Poder central del agregado social

Θ Legislador

rδ Reacción jurisdiccional (por contraposición a 'r')

$\subset$ "implica"

CAPÍTULO PRIMERO

Resonancia de las obras de Theodor Geiger en Alemania e Italia

Theodor Geiger (1899-1952) pertenece a la generación de los hombres de cultura que luego de la toma del poder por los nazis en Alemania, emigraron a otros países europeos[1]. Muerto de improviso en 1952, durante el viaje de regreso de Canadá –país en donde enseñó de 1951 a 1952, en la universidad de Toronto, en calidad de *visiting professor*– a Dinamarca, la obra de Geiger no tuvo resonancia inmediata en el ámbito de la cultura alemana, o cuando menos dicha resonancia no fue equivalente a la importancia que más tarde se reconocería a su obra. En una breve necrología aparecida en la *Kölner Zeitschrift für Soziologie*, en 1952, el célebre sociólogo Leopold von Wiese, al lamentar la súbita desaparición de Geiger, no encuentra, para describir sus cualidades, mejor adjetivo que "*diligent*". No cabe excluir que el silencio oficial posterior a la muerte de Geiger se haya debido a una frase contenida en un artículo conmemorativo de 1955 de la pluma de René König (1906-1992), también él célebre sociólogo alemán, que por aquella época era profesor en Colonia, artículo publicado en el primer número de *Acta Sociologica*[2]. Escribe en efecto König, aludiendo al radical espíritu crítico de Geiger y a su escasa simpatía por los compromisos intelectuales, que Geiger era un hombre todo menos cómodo para sus colegas. No cabe duda de que para Geiger el compromiso intelectual significaba en primer término una lucha sin descanso contra los prejuicios, lo que indujo a König a hablar de "fanático deseo de verdad, extrema rectitud intelectual e imperturbable pasión por la investigación y la enseñanza"[3]. Geiger considera en efecto la ciencia social como una crítica incansable del poder y, para superar, acaso también en sí mismo, cualquier prejuicio

---

1   R. König, "Die Situation der emigrierten deutschen Soziologien in Europa", en *KSfSS*, 1959, I, 1, 1955, pp. 131 a 131.

2   R. König, "Theodor Geiger (1891-1952)", en *Acta Sociologica, Scandinavian Review of Sociology*, I, 1, 1955, pp. 3 a 9.

3   Ibíd., p. 9.

residual, no renuncia a presentar sus opiniones de manera provocadora. Si bien es forzoso precisar que lo dicho no es más que una conjetura, no por ello debe ser considerado del todo inverosímil. A René König se debe en cualquier caso el "redescubrimiento" de Geiger por parte de la sociología alemana. En el fascículo de los *Acta Sociologica* recién citado, además de la conmemoración de König, en donde Geiger es recordado como sociólogo que ha aportado una importante contribución a su disciplina y que por ello merece ser conocido y estudiado, se encuentran diversos escritos de Geiger y su bibliografía por obra de su asistente Torben Agersnap.

En 1957 el etnólogo Wilhelm E. Mühlmann publica en el *Archiv für Rechts- und Sozialphilosophie* una atenta recensión de los *Vorstudien zu einer Soziologie des Rechts*[4] –el libro de Geiger al que está dedicado el presente trabajo–, y en 1959 un discípulo de Mühlmann, Paul Trappe, quien se convertiría a continuación en el máximo estudioso y especialista del sociólogo alemán, desarrolla una tesis doctoral sobre la obra de Theodor Geiger, con especial referencia a la sociología del derecho[5]. Desde entonces el interés por Geiger por parte de los sociólogos, tanto en Alemania como en el mundo, no ha dejado de crecer. Muchas de sus obras han sido en efecto reimpresas y los estudiosos han empezado a profundizar las tesis de Geiger, o las han confrontado, también críticamente, con las propias. A este respecto cabe señalar, por ejemplo, el importante ensayo de Wolfgang Kaupen *Naturrrecht und Rechtspositivismus*[6], donde el autor parte precisamente de las teorías de Geiger para indicar nuevos campos de investigación de la sociología del derecho con miras a proponer nuevos modelos de interpretación; además viene al caso recordar una investigación de Gerd Spittler[7] en la cual Geiger es ampliamente citado y en donde se utiliza, entre otras, su definición "disyuntiva" de norma[8].

---

4   *Archiv für Rechts- und Sozialphilosophie*, 1957, pp. 132 a 135.

5   P. Trappe, *Die Rechtssoziologie Theodor Geiger*, Phil. Diss., Mainz, 1959.

6   En *KSfSS*, 1966, 1, pp. 113 a 130.

7   G. Spittler, *Norm und Sanktion: Untersuchungen zum Sanktionsmechanismus*, Olten, 1967.

8   Ibíd., p. 21.

Si en Alemania la contribución de Geiger a la sociología ha sido ampliamente acogida, no se puede decir que lo mismo haya sucedido en Italia, al menos hasta hoy, en medida suficiente. Sus obras, en efecto, aún no han sido traducidas, salvo un libro sobre la sociedad industrial[9], y con la excepción de pocas páginas de los *Vorstudien zu einer Soziologie des Rechts*[10], dando lugar a una grave laguna en el campo de la sociología jurídica. Sólo en 1986 el pensamiento de Geiger se hizo accesible para los estudiosos italianos gracias a una monografía de Paolo Farneti[11]. Sin embargo, también el trabajo de Farneti, cuidadoso en la contextualización histórica, en especial en lo que hace al período nazi, profundo y basado en un excelente conocimiento de los textos, proporciona una imagen parcial de la obra de Geiger. El autor es visto sólo como estudioso de la sociedad industrial, si bien Farneti, para aislar la esencia de las doctrinas geigerianas, con especial referencia al modelo de estratificación social, pasa revista a todas las obras relevantes de Geiger, dejando de lado desafortunadamente la obra más importante de nuestro autor, aquella relativa a la sociología del derecho. La laguna de la monografía de Farneti no ha sido colmada tampoco por otras obras: Geiger ha sido presentado al lector italiano sólo como crítico del marxismo[12], mientras que en otros estudios se consideran de manera exclusiva sus trabajos sobre la ideología[13].

Sobre la sociología del derecho se tienen las demasiado breves notas de Angelo Pagani en la *Antologia di scienze sociali*. Se podría pensar que ello depende de una supuesta irrelevancia de la materia, para concluir que el presente trabajo dedicado a la sociología del derecho de Geiger ha sido sugerido por la casualidad o, en la mejor de las hipótesis, obedece a intereses investigativos puramente personales. En realidad las cosas

---

9   Th. Geiger, *Saggi sulla società industriale*. P. Farneti (ed.), Torino, Utet, 1970.

10   *Antologia di scienze sociali*, A. Pagani (ed.), Bologna, 1963, vol. 2, pp. 413 a 415, 487 a 495.

11   P. Farneti, *Theodor Geiger e la coscienza della società industriale*, Torino, Giappichelli, 1966.

12   Farneti, Ob. Cit.

13   D. Corradini, *Karl Mannheim*, Milano, Giuffrè, 1967, p. XI; R. Dahrendorf, *Classi e conflitto di classe nella società industriale*, Bari, 1963, pp. 178 a 184; C. Mongardini, *Storia del concetto di ideologia*, Roma, Bulzoni, 1968.

no son de esta manera. La situación ha cambiado profundamente desde cuando el jurista vienés Hans Kelsen (1881-1973), en polémica con Eugen Ehrlich (1862-1922), le objetó a la sociología del derecho aun el derecho mismo a existir. Así incluso muchos años después se puedan encontrar juristas que siguen luchando contra la sociología, se trata de posiciones esporádicas. Ello depende probablemente también del hecho de que, al menos en Italia, la polémica fue alimentada en su momento por la hostilidad general contra la sociología, que había dominado la cultura italiana de entreguerras[14].

En la posguerra se produjo un renacimiento del interés por la sociología del derecho, y en el nuevo clima cultural de los años 60 del siglo pasado el interés por la sociología jurídica se incrementó continuamente. Así, con ocasión del Quinto Congreso Mundial de Sociología en Washington, en 1962, fue fundado un comité de investigación en sociología del derecho para favorecer la colaboración internacional entre los estudiosos de la materia. Pocos años después, tal colaboración dio frutos importantes. En efecto, se publicó, al cuidado de Renato Treves, quien de aquel comité fuera el presidente, un volumen colectivo en el cual doce estudiosos de diferentes países, tras informar sobre el estado de la teoría y de la investigación en sociología jurídica en sus zonas de competencia, ofrecieron contribuciones notables para la solución de numerosos problemas[15].

Como ulterior confirmación del creciente interés por la sociología del derecho, cabe recordar que la misma fue el tema de una de las tres jornadas del Primer Congreso Mundial de Filosofía del Derecho y Filosofía Social, que tuvo lugar en septiembre de 1967 en la "Università degli Studi" de Milán y, luego, en Gardone Riviera.

En la situación trazada con anterioridad, el esfuerzo por ocuparse de una obra de sociología jurídica que, al decir de Paul Trappe, ha permanecido por décadas como el más significativo trabajo de ese tipo y que, en especial, "es realmente sociológica y no se transforma, a cierto

---

14 R. Treves, *La sociologia nel suo contesto sociale*, Atti del 4 Congresso mondiale di sociologia, Centro nazionale di prevenzione e difesa sociale (ed.), Bari, Laterza, 1959, pp. 190 a 211.

15 *La sociologia del diritto*, R. Treves (ed.), Milano, Ediz. di Comunità, 1966.

punto, en una sociología o filosofía del espíritu"[16], adquiere toda su legitimidad.

---

16   Cfr. P. Trappe, introducción a *Vorstudien zu einer Soziologie des Rechts*, Neuwied, Luchter-hand, 1964, p. 13.

CAPÍTULO SEGUNDO

Vida y obras de Theodor Geiger

El presente trabajo está dedicado tan sólo a los *Vorstudien zu einer Soziologie des Rechts*, obra escrita en 1947, cuando Geiger era profesor ordinario de sociología en la universidad de Aarhus, en Dinamarca. Ello ante todo por la razón de que se carece de estudios precisos al respecto (ya existe una excelente monografía en la que el conjunto de los escritos de Geiger es pasado en revista y críticamente elaborado, de manera que un segundo trabajo sobre el tema constituiría una inútil repetición). Además, como ya se ha dicho, la sociología del derecho de Geiger ofrece una tal cantidad de aspectos y de motivos de discusión que proporciona, por sí sola, amplio material para un estudio monográfico. Las consideraciones que se viene de hacer tornan superfluas justificaciones adicionales del presente trabajo. Parece útil una sola precisión de carácter metodológico. Es preciso remitirse, para ello, a una distinción introducida por Max Weber en su ensayo *Sobre la lógica de las ciencias de la cultura*[17]. Según Weber, los hechos culturales, entre los cuales podemos incluir también obras científicas, pueden ser considerados desde diferentes puntos de vista, que esquemáticamente cabe considerar como elementos de una conexión histórica causal, como, por ejemplo, la vida de un autor, o bien el hecho de ser éste un producto típico de una determinada cultura, etc. Se trata de formas elaboradas con base en un cierto análisis histórico. No es éste el lugar apropiado para considerar este aspecto. Aquí se quiere tan sólo exponer la teoría de Geiger, en la medida en que de los *Vorstudien* es posible extraer una y, por tanto, poner de relieve algunos problemas, ya sea que resulten de contradicciones contenidas en el discurso del propio Geiger o que surjan, por el contrario, ante preguntas a las que el autor no ha dado respuesta. Puesto que Geiger es aún poco conocido, parece oportuno proporcionar en primer término y de manera breve alguna noticia con miras a traer a la luz los rasgos predominantes

---

17   M. Weber, Il *metodo delle scienze storico-sociali*, Torino Einaudi, 1967.

de su figura intelectual y los momentos más significativo de su vida y su producción científica.

a. El período alemán

Una bibliografía de los escritos de Geiger del año 1962[18] enumera 164 títulos, de los cuales 18 se refieren a escritos publicados póstumos. Sin embargo, no es tanto el número de los trabajos de Geiger lo que sorprende (gran parte de ellos son artículos y breves opúsculos), sino la variedad de los argumentos tratados, a la que corresponde una gran unidad de la temática de fondo y de la perspectiva de análisis. Geiger dedicó íntegra su existencia a la sociología, en un continuo y fecundo diálogo entre la teoría y la investigación empírica.

A continuación, algunos datos biográficos. Hijo de un profesor de gimnasio de Mónaco, en el período de la escuela secundaria estudia, por iniciativa personal, las lenguas escandinavas, adquiriendo un dominio de las mismas que le permitirá traducir al alemán diversas obras de la literatura escandinava, así como redactar en danés o sueco una parte importante de sus obras. Después de la Primera Guerra Mundial, de la cual regresa herido y con una condecoración al valor, se gradúa en 1918 en la universidad de Würzburg, en jurisprudencia, con una disertación sobre la vigilancia protectora[19]. Ya en este trabajo, pero en especial en el siguiente, sobre la figura jurídica y la situación social de los hijos ilegítimos, manifiesta intereses de carácter sociológico. Geiger quiere demostrar que el mecanismo legislativo sobre los hijos nacidos fuera del matrimonio, lejos de lograr la auspiciada equiparación con los hijos legítimos, agrava su estado de inferioridad. En efecto, según la ley, el hijo ilegítimo debe ser asistido por el padre en medida adecuada al ambiente social del hijo, es decir el de pertenencia de la madre. Pero, como lo demuestra Geiger con base en comprobaciones estadísticas, la madre del

---

18   Th. Geiger, *Arbeiten zur Soziologie. Methode – Moderne Grossgesellschaft – Rechtssoziologie – Ideologiekritik*, Paul Trappe (ausgewählt und eingeleitet), Neuwied, Luchterhand, 1962, pp. 463 a 472.

19   Th. Geiger, *Die Schutzaufsicht*, Breslau, Schletter, 1919.

hijo ilegítimo proviene por lo general de estratos sociales muy inferiores, en lo que hace al nivel de ingreso, al de proveniencia del padre.

El interés sociológico se refleja también en las escogencias políticas. En 1918 Geiger entra en el partido social-democrático, partido que abandonará desilusionado en diciembre de 1932 "a causa de su actitud irresponsable hacia el segundo gabinete de unión nacional"[20]: así motivaría, en efecto, tal decisión, en una carta fechada el 1.º de septiembre de 1933, dirigida al rector de la universidad técnica de Braunschweig.

Los años entre la primera posguerra y 1993 pueden ser considerados como el período alemán de su vida. Hasta 1928, Geiger vive sin una verdadera tranquilidad económica, casi de expedientes. Hasta 1924 sus ocupaciones principales son la enseñanza (es asistente en la *Volkshochschule* de Berlín), el periodismo (como redactor de la *Fremde Presse*) y la actividad política, a la que se dedica con fervor, pero sin resultados de consideración en términos de carrera. Su interés se encuentra siempre concentrado en los aspectos sociales. Uno de los problemas que lo interesan mayormente se refiere en efecto a la formación de los trabajadores.

Desde el punto de vista científico, Geiger se dedica a problemas estadísticos y también económicos[21]. Cuando, en 1928, es llamado como profesor extraordinario a la cátedra de sociología de la universidad técnica de Braunschweig (en 1929 se convierte en profesor ordinario) ya ha publicado al menos tres escritos, que merecen ser citados. El primero es una crítica a la teoría de las masas de Le Bon[22], en la que es tenida presente una amplia literatura y en donde ocupa cierta relevancia el libro de Freud *Massenpsychologie und Ich-Analyse*; el segundo es una crítica a la célebre dicotomía de Tönnies comunidad-sociedad[23], pero que posteriormente será renegada de manera explícita, por parecerle a

---

20   Cfr. Trappe, introd. a Geiger, *Arbeiten zur Soziologie*, cit., p. 21.

21   Cfr. Th. Geiger, *Italiens Aussenhandel nach dem Kriege*, Berlin, Wirtschaft und Statistik, 1924, pp. 38 a 40.

22   Th. Geiger, Die *Masse und ihre Aktion. Ein Beitrag zur Soziologie der Revolution*, Stutgart, Enke, 1926.

23   Th. Geiger, *Die Gestalten der Gesellung*, Karlsruhe, Braun, 1928.

Geiger condicionada por una suerte de temor reverencial hacia el gran sociólogo[24]; y el tercero es un libro de sociología formal.

En su momento, la primera de las obras citadas suscitó gran interés. Geiger elabora una noción de masa que, varios años después, en 1930, sería utilizada por Wilhelm Vleugels es su obra *Die Masse: ein Beitrag zur Lehre von den sozialen Gebilden* y en *Die Masse. Beiträge zur Beziehungslehre*. Lo que es de resaltar, es que los escritos de este período han sido atribuidos a la fase en que Geiger habría estado bajo la influencia de la sociología comprensiva, formal y fenomenológica[25], en el sentido de que en esa época Geiger aún no se había abierto a una sociología rigurosamente experimental. Por ejemplo, en *Die Masse und ihre Aktion* (1926) la investigación está orientada hacia un "análisis de la esencia" de impronta fenomenológica. Pero tal vez haya también en ello, como ha observado Paul Trappe[26], un exceso de crítica que desvía. No se debe olvidar, en efecto, que en todos esos años Geiger se había ocupado también de problemas estadísticos en calidad de auxiliar en la oficina de estadística imperial. Pero, en especial, es importante recordar su experiencia durante la enseñanza en la *Volkshochschule*, en contacto directo con los problemas cotidianos del proletariado, como bien lo muestra su colaboración en la revista laborista *Die Arbeit*. De esta manera Geiger entra de inmediato en contacto "con un mundo difícilmente accesible a intelectuales profesionales como sus contemporáneos Mannheim y Lukács"[27].

Entre 1928 y 1933 Geiger desempeña una intensa actividad científica. Enfrenta el problema de la estratificación social, primero desde un punto de vista teórico[28], luego combinando este aspecto con el empírico, en uno de sus libros más significativos, *Die soziale Schichtung*

24   Th. Geiger, *Ideologie und Wahrheit*, Wien, Humboldt, 1953, p. 106.

25   H. Knospe, "Geiger Theodor", *Internationales Soziologielexikon*, Stuttgart, 1959, pp. 175 a 179.

26   Cfr. Trape, introd. a Geiger, *Arbeiten zur Soziologie*, cit., p. 17.

27   Ibíd., p. 10.

28   Th. Geiger," Zur Theorie des Klassenbegriffs unf der proletarischen Klasse", *Smollers Jahrbuch*, vol. 54, Berlin, 1930, pp. 185 a 236.

des deutschen Volkes[29]; simultáneamente, su carrera profesional registra un importante logro: Geiger es encargado de redactar varias voces ("Führung", "Gemeinschaft", "Gesellschaft", "Revolution", "Soziologie") del diccionario sociológico editado por Alfred Vierkandt[30].

El libro sobre la estratificación social es muy significativo. En particular, refleja la severa disciplina que Geiger le impone a su trabajo. Siguiendo el ejemplo de Max Weber, considera que la actividad científica y las tomas de posición política deben ser mantenidas constantemente separadas. Persigue el ideal de una "*freischwebende Intelligenz*", cuyo *ethos* esté fundado en la búsqueda de la verdad, una verdad a la que sólo la crítica incansable de las premisas de valor puede conducir. Esta opinión, esta moral intelectual, constituye el momento dialéctico más importante en un autor que permanecerá fiel hasta el último momento a un positivismo en el que se debe temer en especial la inmovilidad que amenaza con ser el preludio del dogmatismo. Así, Geiger, en el libro citado, se prohíbe formular en el ámbito científico una crítica del nacional-socialismo, para la cual no le parecen suficientes los análisis de los documentos propagandistas y de las declaraciones oficiales de los cabecillas del movimiento. Lo anterior sin embargo no le impide expresar en las últimas páginas del libro una dura crítica del movimiento hitleriano.

Hablando del presumible origen social de los votos nazis, escribe: "Por lo demás, existe notoriamente un sedimento en la población trabajadora –prevalentemente juventud del tiempo de guerra crecida mal– que no logra ambientarse en la vida productiva, que no es psíquicamente capaz de un ritmo de vida constante y que se dedica de manera abiertamente atrevida a las aventuras y a las pugnas, sin preguntarse de qué Faust se hace entregar el bastón y el anillo para golpear"[31]. Sin embargo, Geiger ha nacido en la patria de Hegel y, por tanto, no puede sorprender que escriba: "Esta revolución del nacional-socialismo es deformación del espíritu, niega el espíritu sobre todo, niega la nación misma, que es

---

29 Th. Geiger, *Die soziale Schichtung des deutschen Volkes*, Stuttgart, Enke, 1932.

30 *Handwörterbuch der Soziologie*, 1931.

31 Geiger, *Die soziale Schichtung des deutschen Volkes*, cit., p. 111.

desarrollo histórico del espíritu (...) Un naturalismo primitivo y aterrador hecho de romanticismo de la sangre nos ha arrollado, y amenaza al espíritu desde todos los flancos"[32]. Esto lo escribe Geiger en 1933, cuando el nazismo significaba para muchos renovación nacional y Hitler se quejaba de que, mientras los estamentos sociales tenían su propio partido, los alemanes no tenían ninguno. Así las cosas, ¿qué sentido pueden tener las perplejidades de Farneti cuando define un escrito de bio-sociología como "una triste aventura intelectual dictada probablemente por la desesperación"[33]? Ante todo, Farneti olvida que el escrito en cuestión es el último de una serie de trabajos sobre el problema de la herencia, en el que Geiger había comenzado a interesarse antes de que el tema adquiriera la lúgubre tonalidad política del nazismo. Además, precisamente a una crítica sociológica de las teorías sobre la raza formulada por nuestro autor se debe atribuir su despido de la universidad técnica de Braunschweig[34].

Por último, si de bio-sociología se puede hablar, el tema debe ser conectado con un escrito anterior de Geiger sobre la psicología animal[35], y atestigua una vez más el interés de Geiger por los fundamentos empíricos y positivistas de la sociología. En realidad, Geiger fue siempre un *outsider*, y sabido es que las personalidades independientes y críticas son miradas con sospecha por quienquiera que se identifique con una causa, sea la que sea, y detestadas más aún que los adversarios declarados. Como es obvio, éste no es el caso de Farneti, quien considera necesario subrayar que la presunta actitud de Geiger no influyó en su evolución intelectual[36].

---

32 Ibíd., p. 115.
33 Farneti, Ob. cit., p. 12.
34 H. Maus, "Bericht über die Soziologie in Deutschland 1933-1945", *KSfSS*, 1959, 1, pp. 72 a 99.
35 Th. Geiger, "Das Tier als geselliges Subjekt", *Forschungen zur Völkerpsychologie und Soziologie*, vol. X, 1, 1931, pp. 283 a 307.
36 Farneti, Ob. cit., p. 12.

b. La emigración

En 1933, sin aguardar el proceso formal de expulsión, Geiger deja
Alemania para establecerse en Dinamarca, en Aarhus, de cuya universidad se convierte en profesor ordinario de sociología. Permanecerá en
Dinamarca hasta 1943, cuando la ocupación nazi lo obligará a emigrar
a la neutral Suecia. Terminada la guerra, Geiger regresa a Aarhus, en
donde sigue enseñando hasta 1972 cuando, durante el viaje de regreso
de Norteamérica, muere de improviso.

El suceso decisivo de esta época está constituido por la experiencia
de la Escuela de Uppsala. Durante años, Geiger se encuentra en contacto con Karl Olivecrona, Anders Vilhelm Lundstedt, Ingemar Hedenius,
discípulos, todos, del filósofo sueco Axel Hägerström. La influencia de
la Escuela de Uppsala sobre el pensamiento de Geiger es unánimemente
reconocida por los estudiosos. Sin embargo, Paul Trappe considera que
dicha influencia no imprime un giro radical al pensamiento de Geiger,
sino que sólo cataliza motivos ya presentes en su reflexión. Por una
parte, Geiger, sin ninguna duda, hace callar, en sus obras publicadas
luego de la emigración, la voz de la filosofía alemana que, en los escritos anteriores, emergía aún de manera evidente. De otra parte, es difícil
afirmar que, después del encuentro con los discípulos de Hägerström,
sus convicciones filosóficas de fondo se hayan transformado radical-
mente. Más bien, la emigración forzada parece haber favorecido el
proceso de liberación de la filosofía alemana, en cuyo filón idealista y
de crítica de la civilización Geiger identificó un signo premonitorio de
la catástrofe nazi. El encuentro con la filosofía de Hägerström, por tanto,
completó una maduración ya en proceso, reforzando las convicciones
positivistas y empiristas de Geiger, y haciéndolas más explícitas. De
positivista y empirista implícito se transforma entonces en positivista
y empirista militante. Además, la frecuentación del círculo de Uppsala
fecunda otros motivos del pensamiento de Geiger; en especial uno, del
que atestigua ya *Die soziale Schichtung des deutschen Volkes*, es decir
el interés por el problema de la ideología. Al tema, nuestro autor dedica
numerosos escritos. Entre los más importantes, *Aufgaben und Stellung
der Intelligenz in der Gesellschaft*, de 1949, y una investigación sobre la

intellighenzia danesa. Otros escritos serán recogidos y publicados póstumos con el título *Ideologie und Wahrheit* (1953). Este último trabajo, desafortunadamente, no proporciona una imagen fiel del pensamiento de Geiger, en cuanto forma parte de un libro de más amplio aliento que la súbita desaparición del autor le impidió concluir.

No es éste lugar para profundizar en la influencia ejercida por la Escuela de Uppsala, fundada por Axel Hägerström, que se encuentra en la base del realismo jurídico escandinavo. Brevemente se puede afirmar que en el centro del interés de la Escuela de Uppsala se halla el problema del conocimiento. El realismo jurídico consiste en creer que los conceptos jurídicos, la terminología y los valores deben basarse en la experiencia y la observación, demostrando de esta manera que son 'verdaderos'. Como es obvio, este punto de vista empírico rechaza categóricamente la metafísica puesto que la misma no es empírica y científicamente verificable. Luego de una crítica, desarrollada según la mejor tradición de la especulación filosófica, de la teoría kantiana, Hägerström afirma que el conocimiento es conocimiento de objetos[37]. En breve, el credo filosófico de Hägerström y de su escuela es el positivismo. *"Praeterea censeo metaphysicam esse delandam"*, declara Hägerström en su autobiografía intelectual. La frase ciertamente no fue del agrado de ese pensador del *Wienerkreis*, Karl Menger, que escribió: "¡Ay del que declara como *non-sense* una proposición! Se asemeja a un hombre que, durante años, evita a su enemigo y, al descubrirlo prisionero de un pantano inaccesible, en lugar de seguir por su camino se precipita, con el puñal centelleante, en el pantano"[38].

En los años transcurridos en Escandinavia, entre 1933 y 1943, Geiger, que en el entretanto ha ampliado sus conocimientos lingüísticos al danés, al inglés, al francés, al noruego y al sueco, no deja de lado, es más, amplía sus intereses empíricos. Corresponde citar al menos un libro, que tuvo cierta resonancia también en Norteamérica, *Soziale Umschi-*

---

37   Cfr. los datos autobiográficos del filósofo sueco, "Axel Hägerström", *Die Philosophie der Gegenwart in Selbstdarstellung*, Leipzig, 1923, pp. 111 a 159.

38   K. Menger, *Moral, Wille und Weltgestaltung*, Wien, 1934, p. 28.

chtungen in einer dänischen Mittelstadt[39], de 1951. Entre 1938 y 1940, se sigue dedicando con pasión a la enseñanza como profesor ordinario de sociología en la universidad de Aarhus y publica, con destino a sus cursos, un grueso manual de sociología[40], primera obra de esta naturaleza publicada en un idioma escandinavo[41]. Se debe señalar además que Geiger también se dedicó en aquellos años a la difusión de la sociología, participando en la fundación de la "Asociación Internacional de Sociología" y ocupándose, en colaboración con otros estudiosos escandinavos, de la publicación de una colección de textos sociológicos[42].

Ya hemos visto que Geiger es un positivista. Además de su declaración expresa al respecto[43], ello ha sido señalado también por Theodor W. Adorno y por Max Horkheimer[44]. No obstante, es necesario precisar la naturaleza del positivismo de Geiger. Hay que tener presente que nuestro autor no era ni quería ser un filósofo. Evitaba cuidadosamente las generalizaciones[45] y detestaba toda suerte de *Weltanschauung*. En *Ideologie und Wahrheit* enuncia una definición de realidad, mas se apresura a precisar que la definición es instrumental y no tiene pretensiones ontológicas[46]. Pero lo que más cuenta es el uso hecho por Geiger de la noción positivista de realidad. Su fe en la capacidad cognoscitiva de los sentidos no fue un pretexto para aceptar acríticamente la realidad que lo rodeaba sino que, por el contrario, los "hechos" para Geiger fueron la piedra de toque de una ininterrumpida crítica de toda teoría, de toda opinión y de todo prejuicio. De esta manera el positivismo de Geiger, desde un punto de vista filosófico, se distancia de las ingenuidades decimonónicas. Y él se sustrae a la condena general, pronunciada por Adorno

---

39   Th. Geiger, *Soziale Umschichtungen in einer dänischen Mittelstaadt*, Aarhus, Munksgaard, 1951; cfr. la recensión de Jean Floud en *British Journal of Soziology*, 1952, p. 173, y la de Ernst Mannheimer en *American Sociological Review*, 1952, p. 504.

40   Th. Geiger, *Sociologi*, Kopenhagen, 1939.

41   Trappe, Ob. cit., p. 25.

42   *Nordiske Studier i Sociologi*, junto con T.T. Segerstedt, Veli Verkko y Johann Vogt.

43   Cfr. Geiger, *Ideologie und Wahrheit*, cit., p. 49.

44   *Lezioni di sociologia*, Th.W. Adorno y M. Horkheimer (eds.), Torino, Einaudi, 1966, p. 226.

45   Geiger, *Ideologie und Wahrheit*, cit., p. 46.

46   Ibíd.

contra los sociólogos positivistas, en cuanto pedestres formuladores de ideologías[47] respecto de las cuales no ejercerían la crítica debida. La acusación, injusta en general, no toca a Geiger, en particular, teniendo éste una clara conciencia de la presencia, en todos los pliegues del discurso sociológico, de elementos ideológicos: "Detrás de todos los esfuerzos del conocimiento teorético, se encuentran a la obra motivos a-teoréticos"[48]. No es éste el lugar, en particular por razones de espacio, para profundizar en dicho problema; dediquemos más bien las líneas conclusivas del capítulo a sus reflexiones sobre la sociedad contemporánea.

c. Las reflexiones sobre la sociedad industrial

Las ideas políticas de Geiger se encuentran recogidas en un libro publicado algunos años después de su muerte, *Gesellschaft zwischen Pathos und Nüchternheit*[49]. El volumen, que Geiger concluyó en 1960, puede ser considerado su testamento político, en el que las experiencias de un hombre, que ha vivido con intensa participación los años más trágicos de nuestros tiempos, son sintetizadas en páginas extremadamente estimulantes. La tesis de Geiger es que las grandes sociedades modernas comportan, de manera necesaria, el aislamiento del individuo. Pero esta situación de aislamiento tendría también un aspecto altamente positivo. En efecto, según Geiger, por primera vez en la historia es posible que el ser humano alcance, gracias al aislamiento, una condición de libertad. En el pasado, por ejemplo en el medioevo, las relaciones sociales en la comunidad implicaban que también los aspectos privados de la vida cotidiana adquirieran una dimensión pública; es decir, el hombre estaba siempre ligado a su estatus de señor, siervo, maestro, aprendiz, etc., en el sentido de que también su vida individual, desarrollada al interior de las paredes domésticas, tenía una dimensión pública. En la modernidad,

---

47   Th.W. Adorno, "Soziologie und Empirische Forschung", en *Logik der Sozialwissenschaften*, E. Topisch (ed.), 4ª. ed., Köln, 1967, pp. 511 a 525.

48   Geiger, *Ideologie und Wahrheit*, cit., p. 112.

49   Th. Geiger, *Die Gesellaschaft zwischen Pathos und Nüchternheit*, Aarhus/Kopenhagen, Univeritetsforlaget/Munskgaard, 1960, nueva edición con el título *Demokratie ohne Dogma*.

en cambio, precisamente la despersonalización y la intercambiabilidad de las diferentes actividades productivas, junto con el carácter abstracto de la función de gobierno, permiten que el individuo viva, por fuera del rol laboral, una vida libre, autónoma, autodeterminada, en función de su índole, de sus inclinaciones, y no ya de un determinado estatus/rol de grupo. Naturalmente este cambio plantea problemas. Existe en el hombre una inveterada tendencia a hacerse sugerir lo que debe hacer en cada momento, y el hecho de encontrarse de improviso a solas consigo mismo, dueño exclusivo de una parte consistente de su propio tiempo, le crea un malestar, porque se siente aislado, solo: un átomo en la sociedad. El terreno se torna entonces fecundo para los mitos, los mensajes de masas, y para todo tipo de consignas de carácter colectivo. Y es en relación con este cambio existencial que Geiger examina de manera particularizada la idea de nación y la de conciencia de clase. Este cambio, que se produce en la sociedad mediante una fuerte influencia de los *mass-media*, luce más riesgoso que en el pasado, cuando las estructuras seculares contenían y encauzaban todas las instancias. En la modernidad, todo fenómeno de alcance general amenaza con arrastrar y destruir, sin razones particulares, lo que había sido construido hasta ese momento. Para Geiger, en efecto, las trágicas consecuencias del fanatismo moderno dependen sobre todo del hecho de que los mitos modernos han logrado movilizar a millones de personas que no se conocían y que estaban unidas sólo por un mismo sentimiento de malestar y de odio. El más eficaz polarizador de las masas modernas ha demostrado ser el concepto de "enemigo", que se ha convertido en el centro de imputación y el chivo expiatorio de todos los desequilibrios de la personalidad, de todas las frustraciones individuales. Para salir de esta dramática situación, el único remedio, según Geiger, consiste en educar a las próximas generaciones en un "nihilismo valorativo práctico"; es decir, se deben desarrollar en los individuos las facultades críticas, y se debe habituar a los hombres a considerar la convivencia social como un instrumento y no como un fin. El hombre, por consiguiente, se debe convencer de que no es la sociedad, sino la familia, el grupo de amigos, el lugar en donde buscar la satisfacción de las propias aspiraciones ideales. Los conflictos sociales deben transformarse de luchas ideales en disputas sobre concretas cuestiones de intereses. Cuando el *homo sentimentalis* le haya cedido el lugar al *homo intellectualis* podremos considerarnos a salvo de las energías destructoras que la sociedad moderna ha acumulado.

Evidentemente, en el fondo de las ideas de Geiger, en donde tiene lugar una clara ruptura con el idealismo, hay un bien radicado escepticismo, no gnoseológico, sino moral. Pero, en el fondo de este escepticismo geigeriano se advierte también una decidida confianza en la vida, que es en cualquier caso la primera e irrenunciable dimensión de la libertad.

Es tiempo de concluir esta breve introducción. Si una orientación se debe extraer de ella, para la lectura de las obras de Geiger, podría ser la siguiente. Cuando parece que Geiger cae en algún ingenuo dogmatismo, o se tiene la sensación de que sus conceptos son demasiado limitadores, no debe olvidarse su visión positivista, en el significado que el adjetivo tiene en el pensamiento de Lucrecio, y su irrenunciable fe iluminista, que siempre sirven de telón de fondo a su obra y, antes aún, a su vida.

CAPÍTULO TERCERO

Problemas metodológicos de la sociología del derecho

En el prefacio a los *Vorstudien*, Geiger escribe: "El título que los reúne puede significar, en su amplia elasticidad, que no es lícito esperarse un todo sistemáticamente concluso y uniforme. La unidad de las tres partes ha de considerarse en perspectiva y en su planteamiento teórico de fondo más que en el tema"[50]. El presente capítulo se ocupará en especial del planteamiento de fondo, es decir del punto de vista metodológico. No obstante, no será inútil ilustrar brevemente el contenido del libro.

Los *Vorstudien* están divididos en tres partes. En la primera se estudia el ordenamiento social como tipo general de sistema de uniformidad social del comportamiento[51]. El discurso se desarrolla primero en el plano estructural, luego en el genético. Tema de la segunda parte es el ordenamiento jurídico. Aquí el discurso es menos sistemático. La elección de los argumentos no procede según un criterio riguroso, el discurso es abierto. Ciertos temas son discutidos más por su interés inmediato que por su importancia al interior de una teoría. La tercera parte, por último, puede considerarse con justo título un apéndice. El autor mismo declara que en ese lugar quiere retomar cuestiones enfrentadas en otros libros. Se trata de réplicas y puestas a punto relativas al derecho, a la moral, a la fuerza y a la conciencia jurídica.

El fragmento anteriormente citado demuestra que el problema metodológico está conscientemente presente en los *Vorstudien*. El autor mismo es explícito al respecto: "Mediante un análisis conceptual diferenciador se debe aclarar la relación entre derecho y fenómenos emparentados con este. Han de evitarse las ambigüedades de significado y el irrespeto de las fronteras. Se debe construir hipotéticamente un sistema no-contradictorio de tipos conceptuales 'puros', que servirá como

---

50   Geiger, *Vorstudien*, cit.

51   El comportamiento social uniforme es considerado por T.T. Segerstedt objeto de la sociología. Cfr. *Gesellschaftliche Herrschaft als soziologisches Konzept*, Neuwied, 1967, p. 15.

orientación en la variada multitud de los fenómenos concretos"[52]. Esta primera fase del trabajo científico es la que Geiger denomina "análisis conceptual". En el caso ideal, dicho sistema hipotético es construido de acuerdo con los criterios de la lógica formal[53] de manera que sea posible aplicar a la investigación social modelos matemáticos. No se debe confundir este procedimiento, adecuado para la investigación empírica, con el trabajo de formalización de un sistema de normas. Puesto que Geiger se propone estudiar las normas como "conexiones de realidad" (*Wirklichkeitszusammenhänge*), las hipótesis deberán ser formuladas según un modelo idóneo para poder reproducir tales realidades de manera posiblemente fiel; en efecto, cosa diferente es analizar el contenido de un sistema de normas, como conjunto de proposiciones, para individualizar sus eventuales nexos lógicos. A este último trabajo se aplicó Karl Menger, quien en un vivaz escrito publicado en 1934 demostró que entre una norma general y una particular no existen nexos lógicos[54]. El libro de Menger debe ser mencionado porque éste, al igual que Geiger, recurre a símbolos en el curso de la exposición, y ello con más éxito que Geiger, puesto que Menger "traduce" un conjunto de hechos conocidos. El problema de Geiger es, en cambio, el de poner a punto instrumentos que permitan el conocimiento de los hechos. Por esta razón Paul Trappe ha definido el método de Geiger analítico-empírico[55]. Al lado de este procedimiento que se dirige, sustancialmente, a la definición del objeto de investigación, Geiger desarrolla una investigación genética según la cual "el proceso de desarrollo, del que ha surgido el fenómeno social que nosotros llamamos derecho, es expuesto de manera descriptivo-sociológica"[56]. Se debe observar, ante todo, que los dos procedimientos se integran. En efecto, para poder seguir en su desarrollo histórico un "fenómeno social", es necesario, previamente, entenderse sobre lo que es dicho fenómeno. Esta exigencia metodológica es de orden general, co-

52   *Vorstudien*, cit., p. 44.
53   Geiger, "Das Verfahren der empirischen Soziologie", en *Arbeiten zur Soziologie*, cit., p. 78.
54   Menger, *Moral, Wille und Welgestaltung*, cit.
55   Trappe, *Rechtssoziologie Geigers*, cit., pp. 49 a 61.
56   *Vorstudien*, cit., p. 44.

mún a todas las ciencias[57]. Procediendo de la manera descrita, Geiger se propone llegar a un estudio del derecho entendido como "facticidad"[58], como "nexo de realidad". Ello significa, en primer lugar, mantener lejos "toda interferencia de representaciones metafísicas"[59].

Como se puede ver, nos encontramos en el ámbito de una investigación estrictamente positivista. Geiger no pretende determinar la esencia del derecho, ni desde un punto de vista prescriptivo en cuanto al significado "legítimo" del término, ni en cuanto al efectivo alcance de la palabra. Se limita a formular una hipótesis que le permita estudiar una clase de fenómenos empíricos. Con ello, si de un lado la definición debe ser rigurosa, es decir unívoca, del otro no puede aspirar a la completud, en relación con los múltiples matices de significado de una palabra, ni alcanzar la esencia. Geiger, de otra parte, es muy escéptico acerca de la posibilidad de alcanzar la esencia de términos que no designen objetos concretos[60]. Además, para estudiar el derecho, como conexión de realidad, será necesario prescindir de los aspectos que se sustraen a la verificación o a la falsación. Más adelante tendremos manera de ver que ello significa, respecto de la norma, resolver su contenido en comportamientos efectivos y en circunstancias del mundo externo. Hay que decir, entonces, que los problemas de método en los *Vorstudien* no representan sólo la trama que se entrevé detrás del desarrollo de los temas concretos, sino que son su hilo conductor consciente y explícito.

---

57   Cfr. B. Malinowski, *Teoria scientifica della cultura*, Milano, Feltrinelli, 1962, p. 17.

58   *Vorstudien*, cit., p. 44.

59   Ibíd.

60   Ibíd., p. 126.

CAPÍTULO CUARTO

Aparato conceptual del sistema de Geiger

a. El ordenamiento social

El primer tema afrontado en los *Vorstudien* es el ordenamiento social, que Geiger examina primero bajo el aspecto analítico-conceptual, y a continuación bajo el genético. Se trata de una parte esencial del trabajo, por cuanto el ordenamiento jurídico será visto como un caso particular del *genus* ordenamiento social.

El dato fundamental del que se parte es la existencia de un agregado social, que se supone indiferenciado, que sostiene el ordenamiento (*ordnungstragende Gruppe*) y que llamaremos Σ. Examinar tal ordenamiento significará, en primer término, identificar las regularidades que se encuentran en la acción social de los miembros del grupo. Con este fin es preciso introducir una primera distinción; en efecto, hay regularidades, como aquellas condicionadas fisiológicamente, que bajo ningún respecto pueden ser consideradas manifestaciones de un ordenamiento. Más en general, "para poder considerar una acción, que se manifiesta con regularidad, expresión de un ordenamiento, se debe poder pensar que el individuo, en lugar de actuar de la manera antedicha, podría actuar de manera diferente si lo quisiera"[61]. "El ordenamiento social comienza allí donde termina la ley natural"[62]. Geiger expresa esta distinción con los términos "regularidad" (*Regelhaftigkeit*) y "conformidad a una regla" (*Regelmässigkeit*). Antes de examinar en los particulares la acción conforme a una regla, regresemos a Σ para dar razón del hecho de que al interior de cualquier agregado social se manifiestan regularidades. Geiger parte de un concepto elemental de sociedad según el cual esta es "la forma de existencia que se contrapone a la existencia

---

61   *Vorstudien*, cit., p. 54.

62   Ibíd.

solitaria"[63]. Más aún, dicha forma es la única a la que accede el hombre como nosotros lo conocemos. Por tanto se puede hablar tranquilamente de naturaleza social del hombre. Dice Geiger: "que sea así, es algo que vemos con nuestros propios ojos; por qué es así, es un problema que puede interesar al filósofo que pretende explicar el universo"[64], y señala que "la forma de existencia social viene a constituir parte integrante del concepto de hombre"[65]. La primera y elemental consecuencia de ello es que la estructura humana comprende, como nota fundamental, la relación interpersonal. La sociedad, por su parte, se basa en una vital interrelación entre seres humanos. Ello comporta que la conducta de un miembro del agregado social, en particular sus reacciones, debe ser en cierta medida previsible. "Denominamos a esta recíproca relación de las acciones de los miembros del grupo, dice Geiger, coordinación del comportamiento"[66].

b. Los roles sociales

La forma elemental en que tal coordinación se manifiesta es la siguiente: una determinada situación s se encuentren en una relación fija con determinado comportamiento g. Simbólicamente s → g. En función de esta constante, se alternan diversos roles sociales, en los que entran en escena los componentes del agregado social que llamaremos MM. Ante todo, el sujeto agente, es decir el autor del comportamiento g, que llamamos H. Aquí se debe hacer una nueva distinción. En efecto, no todos los miembros del grupo responden indiscriminadamente a la situación s con el comportamiento g. Puede ser que tal respuesta sea típica de una específica categoría de miembros del grupo. En efecto, la coordinación de los comportamientos no implica *identidad* de los comportamientos, a menos que se presuponga una correspondiente identidad de los miem-

---

63   Ibíd., p. 48.
64   Ibíd., p. 46.
65   Ibíd., p. 47.
66   Ibíd., p. 48.

bros del grupo (se podría citar la célebre definición de Aristóteles, según la cual justicia no es sólo tratar a los iguales de manera igual, sino también tratar a los diferentes de manera diferente). De hecho, en el grupo se pueden distinguir diversas categorías de sujetos, y la diferencia se puede basar en los más variados rasgos (por ej., el sexo, el color del cabello, etc.). Por consiguiente podemos imaginar que el modelo s → g se refiere a una determinada categoría de miembros del grupo. Designamos esta categoría con el símbolo AA (Destinatarios). Una distinción adicional es posible si se piensa en la eventualidad de que el modelo s → g sea realizado por los destinatarios sólo respecto de otra categoría de sujetos determinada, que designamos con el símbolo BB (Beneficiarios). De esta manera hemos identificado algunos roles sociales en relación con el modelo s → g; es decir, la totalidad de los miembros del grupo: MM; los destinatarios: AA; los beneficiarios: BB.

Las consideraciones desarrolladas hasta ahora reposan en el supuesto de que el modelo s → g sea realizado. Sin embargo, ya hemos observado que s → g puede ser considerado un comportamiento conforme a una regla mientras subsista la posibilidad, para el sujeto agente, de poner en práctica, en la situación s, un comportamiento diferente de g, que designamos con el símbolo g. Para desarrollar este segundo aspecto es necesario proceder del modelo s → g como pura regularidad, a la noción de norma, de la que s → g constituye el núcleo. Sin embargo, trataremos por separado el concepto de norma y el concepto estrechamente ligado de obligatoriedad. Demos pues por supuesto que s → g constituye una norma, es decir que los destinatarios AA estén en el deber de observar el modelo de comportamiento s → g (eventualmente respecto de la clase de beneficiarios). En tal caso se presenta la eventualidad de que el agente ponga en práctica un comportamiento diferente (ilícito). Entra así en escena el rol A_c, con el que se quiere indicar al sujeto que ha transgredido la norma. Ahora bien, por razones que veremos más adelante, el agregado social no permanece indiferente ante la transgresión, sino que responde con el comportamiento r (reacción). El autor de r es el público, es decir, en principio, todo el grupo social Σ. Sin embargo, en ese rol de garante del ordenamiento social lo designaremos con el símbolo Ω (público, opinión pública). Ω coincide en principio con Σ. Es posible que la reacción contra la transgresión sea en cambio puesta en práctica directamente por el B decepcionado en su propia expectativa, en cuyo caso los otros miembros del grupo –excluido, obviamente, el transgresor A_c– se limitarán a aprobar y apoyar la reacción de B. De otra parte, es posible que Σ demande de una determinada categoría de sujetos (instancia) la tarea de reaccionar a las transgresiones. Designamos tal instancia (juez) con el término Δ, y de esta manera hemos llegado a los límites del ordenamiento social *tout-court*. Las ulteriores especificaciones pertenecen al particular tipo de ordenamiento que corresponde al nombre de derecho. Resumiendo, hemos considerado los siguientes roles sociales, que constituyen el orden social (*Sozialordnung*) del agregado Σ, es decir: MM, AA, BB, A_c.

Como ya se ha dicho, Geiger, tras haber examinado el ordenamiento social y su manifestación principal, es decir la norma en términos de análisis conceptual, procede a un análisis de tipo genético. En este lugar es más oportuno seguir un orden diferente, también porque se trata de sintetizar el pensamiento del autor y no es posible seguir su recorrido en todas sus fases. Examinaremos entonces, siempre desde un punto de vista estructural, el ordenamiento que se conoce con el nombre de ordenamiento jurídico.

c. El ordenamiento jurídico

Si se quisiera entender literalmente el título del libro de Geiger, se podría pensar lícitamente que ya hemos llegado al corazón de su estudio. De hecho, sólo 40 páginas de los *Vorstudien* están dedicadas al tema *Recht als Ordnungstypus*, lo que corresponde al desarrollo relativamente desligado de los *Vorstudien*, representando más que otra cosa "una serie de reflexiones socio-jurídicas de carácter preparatorio"[67]. No obstante, hay otro motivo. Como intentaremos aclarar en las páginas que siguen a la ilustración del contenido de los *Vorstudien*, precisar, al hilo de los razonamientos de Geiger, una *estructura* (ya sea la del ordenamiento

---

67   Ibíd., p. 189.

social *tout-court* o la del ordenamiento jurídico), entendida como orden que sea posible describir estadísticamente, no reviste una importancia decisiva: "Desde un punto de vista estrictamente empírico, la sociedad existe sólo como devenir ('socialización'), no como ser"[68].

Al hablar del ordenamiento social no se ha hecho ninguna referencia a eventuales condiciones básicas que permitan la formación de una elemental estructura normativa. El significado de la preterición es el siguiente: la hipótesis de partida era que nos encontrábamos en presencia de un agregado social absolutamente carente, en principio, de estructuras determinadas por relaciones de poder, es decir carente de estructuras políticas. La única diferencia que se había admitido era aquella fundada en los diversos rasgos de los miembros del grupo de manera que el modelo general s → g se especificara en comportamientos debidos a una determinada categoría. Estaba implícito en la definición que tales diferenciaciones fueran políticamente indiferentes, cuando menos en principio[69]. Es en especial desde este punto de vista que el ordenamiento jurídico se diferencia del que se examinó con anterioridad.

Geiger proporciona una noción de ordenamiento jurídico concebida, dentro de ciertos límites, de acuerdo con el modelo weberiano del tipo ideal. Dicha noción no será el resultado de un proceso de abstracción, en el sentido de considerar el ordenamiento jurídico como la esencia de todos los ordenamientos jurídicos existentes. La misma considerará sólo ciertos contenidos que se presume delimitan un campo de investigación suficientemente definido. Para tener una función diferenciadora, la noción no podrá ser indiscriminadamente amplia, puesto que Geiger rechaza de manera explícita el significado lato con el que el término derecho es aplicado por los etnólogos. En efecto, la sociología en cuanto tal "coordina las manifestaciones del derecho en sentido estricto en contextos más amplios"[70]. La definición será además instrumental –no dogmática– porque "no hace parte de la esencia del derecho, en razón

---

68   Ibíd., p. 52.

69   Para ser precisos, deberíamos decir que la aparición de roles sociales concierne a una fase avanzada del desarrollo del agregado social, no a su forma originaria, che es asumida como presupuesto del surgimiento del orden social.

70   *Vorstudien*, cit., p. 125.

de una cierta mística de los conceptos, la pretensión de significar algo bien determinado, en lugar de alguna otra cosa"[71]. Como se puede ver, se ha hecho uso, de manera indiferente, de la palabra "derecho" y de la locución "ordenamiento jurídico". En efecto, para Geiger el derecho es un tipo de ordenamiento.

La primera característica del derecho es la de ser un tipo de ordenamiento que pertenece a sociedades dotadas de una estructura diferenciada. Sociedades de grandes dimensiones, articuladas y explícitamente diferenciadas, son la condición necesaria para el surgimiento del derecho. Cuando en el ámbito de tales sociedades se consolida un poder central (π) es posible hablar de ordenamiento jurídico. Para expresarnos en términos de roles sociales, el ordenamiento jurídico supone la aparición en el agregado social del rol poder político (π), es decir de una función que garantiza al interior del agregado la realización de determinados modelos de comportamiento mediante la puesta en práctica de la reacción punitiva respecto de los transgresores. Ahora bien, π, en cuanto tal, no representa la manifestación de la garantía jurídica en forma de castigo de los transgresores, sino que constituye su fuente. π concentra en sí el *poder monopólico* de proveer a la reacción respecto de los transgresores de las normas. El ejercicio de tal actividad, sin embargo, concreta una función diferente, que es designada con el símbolo Δ. De la presencia de estos dos elementos estructurales Geiger extrae algunas consecuencias.

La función judicial ha de ser mantenida diferenciada de la política, también en el caso de que Δ coincida con π desde el punto de vista personal. Con el término Δ ha de entenderse la función judicial en su sentido más amplio, comprendiendo las dos fases: 1) el infligir la pena, 2) la ejecución de la pena. Puede sin embargo darse el caso de que la actividad de Δ esté limitada a imponer la pena, mientras que la ejecución de la misma está confiada al directo interesado B y, en ausencia de éste, a toda la colectividad en el rol Ω (por ej., *interdictio aquae et ignis*). También en el caso de reacción colectiva, o reacción del interesado, según el modelo de la ley del talión, existe sin embargo una diferencia decisiva respecto del ordenamiento social. Es decir, la reacción no se manifiesta

---

71   Ibíd., p. 126.

de manera *espontánea*, sino sólo a continuación del juicio de la instancia Δ. Lo anterior significa, de un lado, que la reacción espontánea, no legitimada por un pronunciamiento judicial precedente, es antijurídica (en la medida, obviamente, en que constituye de por sí una transgresión de las normas vigentes); de otro lado, el acto judicial con el que el culpable es puesto a merced ya sea de la colectividad o del individuo interesado, no es tanto la determinación directa de la pena, como la fijación de los límites precisos de la actividad de represalia de los interesados que, en el caso concreto, reaccionan a la transgresión.

De esta manera hemos descrito otra nota que distingue al ordenamiento jurídico frente al ordenamiento social, es decir: la reacción, de espontánea e indiscriminada, se torna *adecuada*, apta para diversos tipos de transgresión.

Otra consecuencia de ello, que a este punto podemos llamar institucionalización de la función judicial, es la aparición de una clase de normas diferente, es decir de *normas procesales*. Geiger no se detiene en la demostración detallada de los motivos de este desarrollo, que por lo demás son suficientemente evidentes, prescindiendo del hecho de que en el contexto tiene función de hipótesis.

Para Geiger la formación de normas procesales interesa en especial como punto de vista, es decir en el sentido de que "ya no es suficiente, para infligir la reacción, que la instancia Δ, sobre la base de los elementos de prueba existentes, esté convencida en sentido lógico general de la real existencia de una violación de la norma"[72]. "La reacción está más bien ligada a la prueba de la violación aducida *según determinadas reglas*"[73]. En otros términos, a la actividad cognoscitiva del "sentido común", desarrollada de acuerdo con las reglas básicas generalmente válidas en una sociedad, se agrega una forma de conocimiento especializado, que respeta reglas particulares y llega a resultados cognoscitivos no necesariamente coincidentes con los del "sentido común". El caso en el que es más probable que se presente una divergencia es el de la *presumptio iuris et de iure*.

---

72   Ibíd., p. 151.

73   Ibíd.

Resumiendo, las características distintivas del agregado social en el que aparece el ordenamiento jurídico son las siguientes: 1) agregado social de grandes dimensiones articulado y diferenciado; 2) dominio de un π; 3) ejercicio de la actividad de reacción contra las transgresiones en forma monopólica por parte de Δ; 4) institucionalización de dicha actividad. A partir de este punto se derivan condiciones adicionales: 1) creación de procedimientos formales, 2) diversificación de los modos de reacción (reacción adecuada).

CAPÍTULO QUINTO

Génesis de la norma

a. El comportamiento habitual

Hace poco hablamos de dos perspectivas que se integran en la investigación geigeriana: la perspectiva hipotético-conceptual y la genética. Puesto que en el presente capítulo nos ocuparemos entre otras cosas de esta segunda perspectiva, se hace necesaria una premisa.

Es posible distinguir dos planos en los cuales, usualmente, proceden las investigaciones genéticas: el plano ontogenético y el filogenético. Sin entrar en particulares, se puede decir que a nivel filogenético se intenta reconstruir la evolución de la especie, eventualmente mediante hipótesis, mientras que a nivel ontogenético se interpreta la evolución de los individuos de la especie a la luz del esquema general de desarrollo. Si bien Geiger no aplica de manera explícita este proceso, se pueden identificar, en sus investigaciones genéticas, dos fases distintas que corresponden, de manera aproximada, a los dos niveles que se viene de indicar. Es claro, sin embargo, que la analogía no es procedente más allá de cierto límite.

Geiger, en efecto, examina por separado la génesis del comportamiento uniforme del individuo y el proceso de formación de comportamientos regulados en las relaciones sociales. La diferencia más relevante, frente al método antes descrito, reside en el hecho de que la relación entre los dos planos es invertida. El desarrollo individual, lejos de ser un reflejo del desarrollo de la especie, representa, por así decirlo, la prehistoria de la génesis del ordenamiento. Geiger ilustra cómo, a partir de hábitos individuales, se llega al ordenamiento social. El paso sucesivo, que conduce al derecho, no puede ser explicado en términos individuales. Se trata en cualquier caso sólo de hipótesis con un valor orientador; el problema, de hecho, no se podrá resolver "inductivamente con base en determinadas observaciones históricas, así como no puede ser indagado empíricamente, en el sentido estricto de la palabra, el nacimiento de la sociedad humana"[74].

La primera condición para que se pueda hablar de norma obligatoria es la preexistencia de un modelo de comportamiento factual, es decir el hecho empíricamente comprobable de la repetición del modelo $s \rightarrow g$. Geiger considera que se puede explicar este hecho a partir de la teoría de la memoria de Richard Semon[75]. En síntesis, Semon afirma que toda experiencia vivida imprime en la memoria una huella (engrama) constituida por la relación entre la situación existente y la respuesta dada por el sujeto a la situación. Lo mismo vale para aquello que el sujeto puede observar en el comportamiento de sus semejantes. De ello se sigue que, en caso de que el sujeto llegue a encontrarse en una situación igual a la anterior, el mecanismo de la memoria tenderá a imponer la repetición de la experiencia anterior, es decir que el agente será inducido a dar, en circunstancias iguales, una respuesta igual. Esta tendencia es designada por Semon con el término "ecforia", lo que quiere significar una resolución de la tensión determinada por la aparición del primer término de la relación impresa en la memoria (estímulo), que el agente integra agregándole la respuesta contenida en el engrama.

El proceso engráfico-ecfórico tiene aplicación también en las relaciones interpersonales. Y ello por dos razones: ante todo, también en la memoria del observador la percepción de la secuencia $s \rightarrow g$, puesta en obra por sus semejantes, imprime un "engrama" y funda, en principio, la expectativa $s \rightarrow g$ también para el futuro. Si en el segundo tiempo el observador percibe $s \rightarrow \bar{g}$[76], ello provoca en él un determinado sentimiento de sorpresa. En segundo lugar, el proceso engráfico-ecfórico genera el proceso social de imitación. Esto supone que el comportamiento observado $s \rightarrow g$ concierne a situaciones típicas, recurrentes: en este caso el engrama impreso en la memoria del observador no produce sólo la expectativa de la repetición de $s \rightarrow g$ por parte de los demás, sino

---

74 *Vorstudien*, cit., p. 92.

75 R. Semon, *Die Mneme als erhaltendes Prinzip im Wechsel des organischen Geschehens*, Lepzig, 1920.

76 El trazo horizontal sobre un símbolo significa siempre "diferente de…".

que pone en movimiento un mecanismo idéntico en el observador, que en la misma situación típica s será inducido a producir seguidamente el comportamiento g.

En este punto podemos hablar de hábitos: en el agregado Σ está vigente el hábito expresado en el modelo s → g. Nos hemos detenido con cierta amplitud sobre este tema[77], dado que parece ser característica, si bien no original, la manera como se encuentra tratado, y contribuye a formarse una idea de un libro que escapa a las clasificaciones corrientes.

b. La norma

El modelo de comportamiento que se ha desarrollado gradualmente constituye, en el lenguaje de Geiger, el "núcleo normativo". Lo que se ha dicho hasta ahora no implica, sin embargo, la presencia en el agregado social de una norma, sino simplemente la constatación de un *uso*. Los miembros de Σ (MM) "suelen" conducirse de determinada manera. Ahora bien, ya se ha señalado que, cuando cualquier miembro del grupo (M_x) actúe de manera insólita (s → $\bar{g}$), se producirá una sensación de sorpresa por parte de los observadores. También se ha anticipado, al describir la estructura del ordenamiento social, que la transgresión de s → g por parte de A (destinatario) provoca una *reacción*. Ahora ha llegado el momento de decir que el "núcleo normativo" s → g adquiere el carácter de norma en la medida en que subsiste, en el seno del agregado Σ, una propensión a reaccionar contra la transgresión. El carácter normativo del modelo de comportamiento es expresado por el subíndice v (estigma normativo).

El concepto de obligatoriedad ocupa un lugar central en la *Rechtssoziologie* de Geiger, de manera que merece ser examinado por aparte. Por ahora supongámoslo explicado. La fórmula de la norma es entonces: $(s \rightarrow g)_v \frac{AA}{\div}$, es decir: en la situación s, los destinatarios AA están obligados (v) a observar el comportamiento g, eventualmente (÷) respecto de determinados beneficiarios. El símbolo relativo a los beneficiarios no

---

77   Trappe lo agota en poquísimos renglones. Cfr. *Rectssoziologie Geigers*, cit., p. 141.

está contenido en la fórmula, porque puede ser que no los haya. El símbolo ($\div$) significa que no son un elemento esencial, pero que es posible que estén presentes. Dicha fórmula representa la norma "subyacente". Es decir: en el agregado Σ el comportamiento descrito en el núcleo normativo (*Normenkern*) es de hecho *obligatorio*. La norma subyacente es tal en antítesis a la proposición normativa (norma verbal) que es expresada con la fórmula w (s → g)$_v$ $\frac{AA}{\div}$, donde w significa: "se da a conocer mediante palabras". Geiger distingue además la norma subyacente de la norma "latente". En efecto, para afirmar con seguridad que cierto modelo de comportamiento es obligatorio, es necesario que se haya producido una transgresión y que haya tenido lugar la reacción de Ω, que se indica con la fórmula r $\frac{\Omega}{A_c}$ (como se recordará, A_c designa al transgresor). Sin embargo, si la producción de la reacción es necesaria para *comprobar* la obligatoriedad de la norma, no es dicha reacción lo que constituye tal obligatoriedad, sino la propensión del agregado social a considerar la norma válida, y por tanto la propensión a reaccionar. Es suficiente que dicha reactividad sea potencial, así aún no se haya manifestado. Entonces, la norma es definida latente desde el momento (indeterminable) de su surgimiento, hasta el momento de la primera transgresión y, consiguiente, reacción.

c. Norma habitual, declarativa, proclamativa

En el ámbito de las normas, Geiger distingue tres clases: 1) *normas habituales*: son los esquemas de comportamiento que se han afirmado progresivamente en el agregado social. Las normas habituales son aquellas que no tienen "ni un autor ni un principio"[78]; 2) cuando mediante un enunciado verbal se toma conciencia de que una determinada norma habitual es obrante, tal enunciado toma el nombre de *norma declarativa*; 3) de las normas habituales (formuladas o no) se distinguen aquellas estatuidas (*Satzung*). La diferencia es fundamental, y se manifiesta en la diferente actitud de tales normas en la dimensión temporal. La norma

---

78   *Vorstudien*, cit., p. 120.

habitual es, por su naturaleza, retrospectiva. La estatuición, por el contrario, se encuentra estructuralmente dirigida al futuro: "Mañana, y en el futuro, se deberá actuar de la manera en que hoy ha sido determinado"[79]. El paso de la norma habitual a la estatuición tiene lugar a lo largo de tres fases: 1) nace espontáneamente un uso; 2) la reacción de ø hace manifiesta la obligatoriedad del uso; 3) dicha obligatoriedad es constatada y forma el contenido de un enunciado (proposición normativa) que tiene valor puramente declarativo; 4) de esta manera se ha hecho explícita la experiencia de reglas obligatorias, como la "idea" de norma. Esta experiencia es reproducida artificialmente: el modelo espontáneo $s \rightarrow g$ es sustituido por un modelo construido, que es expresado en una proposición normativa *proclamativa*, enunciado verbal de la estatuición correspondiente. Geiger describe la proposición normativa proclamativa con la siguiente fórmula: $\Theta : w[(s \rightarrow g)_v \frac{AA}{\div}]$ [80], donde Θ indica al legislador del grupo entendido como rol social.

---

79   Ibíd.
80   Ibíd., p. 86.

CAPÍTULO SEXTO

La obligatoriedad de la norma

Es sabido que la cuestión de la obligatoriedad de la norma constituye uno de los grandes temas de la filosofía del derecho. Dos aspectos del problema son: 1) qué "es" la obligatoriedad, y 2) de qué "deriva" la obligatoriedad.

Para comprender el significado de la reflexión de Geiger al respecto, se debe tener constantemente presente el objeto y el método de su trabajo. También acá, Geiger no intenta responder a ninguna de las dos preguntas indicadas, sino que se esfuerza por establecer de qué manera la obligatoriedad puede convertirse en objeto de investigación empírica. Con este fin tendrá que prescindir de todos los aspectos que se sustraen a la experiencia. Así entonces, la obligatoriedad de la norma no podrá ser buscada en las representaciones, que de ellas se forman los destinatarios o, en general, los asociados. Geiger no objeta el hecho de que convicciones religiosas o morales puedan motivar, psicológicamente, la conformidad al precepto por parte de los asociados. Sin embargo, agrega, "ni dios ni la idea de bien se encuentran en el mundo de experiencia"[81]. "Si, en cambio, un poder externo obliga a A a comportarse siguiendo s → g, con medios sensibles, en ese caso también v es una realidad. La norma tiene un contenido real independientemente del hecho de que subsista en forma de representación moral de A"[82]. Una toma de posición tan radical es tal que justifica una reacción de perplejidad. Pero de ello hablaremos más adelante. Por ahora ilustremos el significado de v, así como se encuentra en las consideraciones desarrolladas por Geiger.

Un primer señalamiento es proporcionado por la circunstancia, a la que ya se ha aludido, de que una norma de comportamiento, a diferencia de una ley natural, tiene sentido en la medida en que impone un modelo como alternativa a otros modelos posibles. De otra parte, también hemos

---

81   *Vorstudien*, cit., p. 67.

82   Ibíd.

visto que es precisamente la transgresión lo que permite que se manifieste la obligatoriedad de la norma. Podemos entonces escribir:

$$[(s \rightarrow g)_v \frac{AA}{\div}] + [(s \rightarrow \overline{g}) \frac{A_c}{\div}] \rightarrow r \frac{\Omega}{A_c}$$

Esta secuencia incluye tres fases: subsistencia de la norma, transgresión, reacción. Si la obligatoriedad de la norma consistiera en la realidad de su aplicación en sentido estricto, se debería llegar a la conclusión, que Geiger rechaza como absurda, de considerar la norma obligatoria en los casos en que es respetada, y no obligatoria en los casos restantes. La respuesta a nuestro problema es proporcionada por lo que sucede en caso de transgresión: el agregado social reacciona. Se llega así a una situación en donde el destinatario A se encuentra ante la siguiente alternativa: ejecutar el modelo s → g o bien someterse a la reacción de ø. El contenido real de v está constituido precisamente por esta alternativa. La obligatoriedad de la norma está entonces determinada de manera disyuntiva, en relación con la presencia de condiciones verificables en el mundo externo: "Consiste o en la realización del núcleo normativo, o en un comportamiento divergente seguido por la reacción social"[83]. Ahora bien, es posible que de la transgresión no se siga la reacción. En este caso, si nos contentáramos con lo dicho, caeríamos de nuevo en el absurdo de afirmar que una norma, válida en la generalidad de los casos, cesa en ocasiones de serlo, lo que constituiría un "*monstrum* conceptual"[84]. Entonces, se hace necesaria una precisión: definimos como cuota de eficacia de la norma la suma de los casos en que se ha realizado la alternativa de la que se hablaba con anterioridad, es decir, s → $\overline{g}$ ha sido realizado, o bien s → \$ ha sido seguido por la reacción. Geiger designa esta magnitud con el símbolo e (*Effektivitätsquote*). Definamos ahora s como el número de los casos en que se verifica la situación típica, y llámese i el número de los casos en que se realiza la última hipótesis mencionada, es decir la transgresión que no es castigada. Se puede entonces escribir e + i = s, o bien, lo que es lo mismo, s - e = i. "Se llega así al resultado, inadmisible

83   Ibíd., p. 70.
84   Ibíd.

para los fetichistas de la norma, de que la llamada 'validez' u 'obligatoriedad' de la norma es una *magnitud mensurable*"[85], vale decir, $v = \frac{e}{s}$, donde e representa el número de casos en que la norma se muestra operante –o porque es respetada o porque golpea al transgresor con la reacción–, s es el número de casos en que los destinatarios se encuentran actualmente en la situación crítica, y v expresa la relación entre estas dos magnitudes, que mide su grado de intensidad. "De esta manera, concluye Geiger, la obligatoriedad adquiere las características de un hecho comprobable en el mundo externo". Podemos agregar que se llega también a distinguir con mucha claridad (al menos conceptualmente) la eficacia de la obligatoriedad: mientras la norma puede ser en ocasiones eficaz y en otras no, sin perder su carácter normativo, la obligatoriedad es un atributo que, si bien es variable en cuanto a la intensidad, acompaña toda la vida de la norma.

A estas alturas es necesario disipar un posible equívoco. Al describir los diferentes tipos de normas, se ha dicho que la obligatoriedad de la norma tiene ocasión de manifestarse sólo cuando se verifica una transgresión y la consiguiente reacción. En cierto sentido, la máxima *nulla poena sine lege poenali* debería ser invertida. Así se haya puesto el acento en el hecho de que la reacción no constituye la obligatoriedad de la norma, sino que la hace manifiesta, se puede sin embargo nutrir la sospecha de encontrarse ante un círculo vicioso, en el que la reacción es definida por la obligatoriedad de la norma, y la obligatoriedad es, a su turno, definida por la reacción. De otra parte, aun manteniendo diferenciados los factores constitutivos de la obligatoriedad, respecto de la ocasión de su manifestación, se podría ser inducidos, con base en la definición disyuntiva proporcionada con anterioridad, a definir la obligatoriedad ora en función de la conformidad a $s \rightarrow g$, ora en función de que se verifique r. Sin embargo la obligatoriedad, como se ha visto, no reside ora en la obediencia, ora en la realización de la sanción, sino en la operatividad de tal alternativa, entendida en su carácter unitario. Así las cosas, para determinar la causa de la obligatoriedad, se deberá averiguar por qué la alternativa es efectivamente operante. Geiger encuentra la

---

85   Ibíd., pp. 71 y 72.

causa de v en la interdependencia social. "Una determinada coordinación de los comportamientos es condición necesaria de la convivencia de los hombres en sociedad"[86]. La decepción de la expectativa legítima del beneficiario, por parte del destinatario de la norma, "ocasiona un desgarramiento en la tupida red de la interdependencia social"[87], allí donde el transgresor logre sustraerse a la reacción.

En breve, la interdependencia social se expresa en normas obligatorias, que satisfacen la exigencia vital de coordinación de los comportamientos. La violación de la norma obligatoria representa un atentado a dicha coordinación, y provoca la reacción. Entonces: 1) la norma es una variable dependiente de la interdependencia social; 2) la reacción es una variable dependiente de la subsistencia de la norma. De esta manera es posible salir del círculo vicioso. Hay que decir que el razonamiento que se acaba de hacer no se encuentra contenido explícitamente en los *Vorstudien*. En cualquier caso, representa un desarrollo analítico de los mismos.

Hasta ahora la reacción ha sido entendida, en sentido literal, como respuesta a la transgresión. Sin embargo se debe observar que también la reacción expresa un imperativo de la interdependencia social, es decir la exigencia de insertar en la "tupida red" de las relaciones sociales también el comportamiento que decepciona la expectativa. Esto comporta que la reacción ya no sea un hecho espontáneo: se transforma a su vez en un deber social o, si se quiere, en una norma secundaria. De este tema, ligado a la institucionalización de la función punitiva, nos ocuparemos a continuación, al intentar describir el mecanismo del ordenamiento jurídico.

---

86 Ibíd., p. 83.
87 Ibíd.

CAPÍTULO SÉPTIMO

El mecanismo de la reacción jurídica

Luego de haber descrito sumariamente los conceptos base con los que opera Geiger, ha llegado el momento de examinar una serie de problemas específicos del ordenamiento jurídico. En los *Vorstudien*, esta materia se encuentra distribuida en dos capítulos. Sería en extremo arduo el esfuerzo de recoger los diversos temas en un conjunto relativamente orgánico. Por consiguiente, trataremos de manera más o menos sistemática algunos temas que Geiger desarrolla fragmentariamente. Otros motivos, que no se armonizan con el conjunto, serán considerados aparte.

Anteriormente se había indicado, como elemento estructural del ordenamiento jurídico, la actividad de la instancia judicial Δ, que administra las reacciones contra las violaciones de las normas jurídicas. Es necesario ahora profundizar en las modalidades de tales reacciones. En una primera aproximación, se debe distinguir: 1) la reacción colectiva de Ω, y 2) la reacción de la persona directamente afectada por la transgresión en cuanto, hipotéticamente, beneficiario de la norma. Esta reacción individual podría ser dictada por un mero impulso de venganza. Más aún, en la hipótesis del modelo de ley del talión, la ausencia de venganza constituiría materialmente, a su turno, un ilícito. ¿Qué es lo que "discrimina" la reacción, es decir un comportamiento que en condiciones normales sería ilícito? Aquello que Geiger llama "forma negativa de reacción colectiva"[88], es decir el hecho de que la colectividad sostiene la reacción de la persona ofendida. En otros términos, al lado de la norma que impone determinado comportamiento, se sitúa la norma que prevé, en caso de transgresión, la reacción. ¿Cómo es que sucede que dicha reacción deviene a su vez vinculante? Geiger habla[89], genéricamente, del "deber" social de reaccionar y del descrédito que afecta a quien tolera silenciosamente los daños, definido de manera facilista un imbele.

---

88 *Vorstudien*, cit., p. 83.
89 Ibíd.

Con todo el respeto por estos señalamientos, sin duda exactos, pero que no van más allá de la nota sobre las costumbres, a partir del contexto es posible en cualquier caso explicitar dos argumentos de mayor validez. El primero se funda en las exigencias de la interdependencia social, retomando lo que se decía al final del capítulo anterior. En efecto, es claro que, si un modelo de comportamiento puede ser infringido en ocasiones con consecuencias (reacción), y en otras sin consecuencias dignas de relieve, dicho modelo no constituye un instrumento útil de coordinación de los comportamientos. En cambio, precisamente la regularidad con que la infracción es seguida por la reacción permite insertar un comportamiento en principio imprevisible (la transgresión es definida "diferente de...", por tanto indeterminada) en un sistema coherente de previsiones. Para mayor claridad: en el agregado social se encuentra vigente una serie de normas que tienen objetivamente la función de sugerirle al sujeto agente la respuesta que debe dar, en cada caso, a la situación que se presenta. Ello permite que el agregado social funcione ágilmente, en la hipótesis de que todos los asociados se conformen a las normas. Si en determinado momento una persona M_Σ transgrede una norma, la cadena de comportamientos coordinados es interrumpida: la situación no se encuentra prevista y el agente se encuentra desorientado. Establecer una reacción, para estos casos, significa insertar también la transgresión en la cadena de los comportamientos previstos y, por tanto, coordinados. El segundo argumento no es sino la paráfrasis formal de lo que se acaba de decir: recuérdese que obligatoriedad, traducido en símbolos, es igual a: $v = \dfrac{e}{s}$; de otra parte, $e = (s \rightarrow g) + (s \rightarrow \overline{g}) \rightarrow r$. Así, en la definición de norma obligatoria, la transgresión de la norma implica la reacción, la cual a su vez es obligatoria en la medida en que es obligatoria la norma. Esta implicación se puede expresar (consideremos, para mayor facilidad, el modelo del talión) con la fórmula siguiente:

$$[(s \rightarrow g)_v \frac{AA}{BB}] \subset [(s \rightarrow \overline{g}) \frac{Ac}{B}] \rightarrow r \frac{B}{Ac}]_v BB$$

Por consiguiente, en caso de que quien haya soportado un daño se sustraiga al deber social de la venganza, se convertirá a su vez en objeto de la reacción del guardián del ordenamiento, es decir de Ω. Este proceso no se perpetúa: en efecto, si Ω se abstiene de reaccionar, la norma habrá registrado un caso de ineficacia. En términos generales, el ordenamiento está constituido por normas primarias, que regulan la conducta de los asociados en una serie de casos previstos, y por normas secundarias que "cubren" la hipótesis de la infracción.

En el ordenamiento jurídico la aplicación de las normas secundarias es confiada a la instancia 'Delta'. ¿Qué ocurre en caso de que un juez Δ no se conforme a la norma que prevé la sanción[90]? El problema tiene dos aspectos: la hipótesis más simple es que sea desaprobado por la institución a la que pertenece, por ejemplo mediante la invalidación parcial o total de su disposición; también es posible que la instancia Delta en su conjunto no aplique la norma secundaria. En esta segunda hipótesis nos encontraremos, también esta vez, ante un caso de ineficacia de la norma primaria.

Regresemos ahora a lo que se dijo con anterioridad: una exhaustiva coordinación de los comportamientos exige la previsión de todas las posibles situaciones, de manera de dictar una regla para cada una de ellas. Acabamos de ver la situación determinada por la transgresión. Ahora debemos examinar los casos no previstos por ninguna norma, ni siquiera como violaciones: como se ve, el problema constituye un aspecto del tradicional problema de las lagunas del ordenamiento jurídico. Y también éste ha de ser resuelto con base en la noción de obligatoriedad. La norma según la cual la transgresión debe ser seguida por la sanción (norma secundaria) se puede formular a su turno en el sentido de que en ausencia de transgresión no es lícito dar curso a la sanción (lo que resulta implícito si se asume que la norma secundaria declara lícitos comportamientos que en condiciones normales están prohibidos). Ello significa que las situaciones no reguladas normativamente, pese a ello lo están, cuando menos en forma negativa: "El ciudadano que no esté obligado a la observancia de una norma, en una situación determinada, goza, cualquiera que sea su conducta, de una garantía de libertad respec-

---

90   Geiger utiliza el término sanción para designar la reacción administrativa específica de la justicia. La indica con el símbolo r δ (reacción jurídica).

to de detrimentos jurídicos"[91]. En otros términos, la sociedad ordenada jurídicamente no conoce situaciones no reguladas.

91   *Vorstudien*, cit., p. 227.

CAPÍTULO OCTAVO

La actividad de la instancia "Delta"
(el juez como creador del derecho)

El tema que afrontaremos a continuación es indudablemente uno de los más interesantes de todo el análisis de Geiger. Hasta ahora habíamos hablado de situaciones, comportamientos, destinatarios, etc., casi como si tales términos designaran entidades concretas, recurrentes y siempre iguales a sí mismas. Ello nunca es cierto: sin embargo, mientras era necesario tan sólo aludir a la estructura del ordenamiento social, se podía considerar útil tal suposición. Lo que ya no tiene cabida, y esto por una razón muy precisa. Se ha hecho referencia, con anterioridad, al hecho de que el surgimiento de la instancia Delta comporta el nacimiento de una nueva y técnica forma de conocimiento. En relación con ello, se ha hablado en especial de las consecuencias del procedimiento, y de las diversas presunciones jurídicas. En realidad, no sólo en estos casos opera una forma de conocimiento técnico, sino que toda la actividad judicial, desde la aprehensión de las proposiciones normativas hasta la adquisición de los más variados elementos de hecho, se desarrolla bajo el signo de esta específica forma de conocimiento. Y ello por la razón de que todo el trabajo del juez está coordinado en vista de la aplicación de la norma, y por dicho fin se encuentra condicionado. Así, al analizar ahora conceptos como situación típica, beneficiario, etc., no nos ocuparemos del problema general de cómo, en una determinada cultura, se constituyen las representaciones correspondientes. En otras palabras, no nos proponemos indagar la génesis de las estructuras cognoscitivas, sino seguir el destino de nociones como g, s, A, B, es decir, de los elementos de la norma, una vez que entran a ser objeto de la experiencia judicial. Dada una norma $(s \rightarrow g)_v \frac{AA}{BB}$, debemos determinar su esfera de validez. En ello consiste el problema de la interpretación. Acaso la formulación proporcionada restrinja el campo del problema, que es extremadamente vasto. Pero se trata de hacer explícito el significado objetivo de la actividad del juez, sobre la base del presupuesto de que la instancia Delta desempeña, en el ámbito de la sociedad gobernada por el derecho, una función correspondiente a la de Ω en el grupo social. Al interior de una estructura hipotética (la estructura de la sociedad de grandes dimensiones caracterizada por los elementos antes indicados), se intentará situar la actividad de la instancia Delta.

Ante todo, admitiendo que s, g, A, B son entidades determinadas, nos podemos preguntar *si* entre ellas subsiste la relación que las transforma en elementos de una norma (cuestión de la validez formal). Además, nos preguntaremos *qué* designan s, g, A, B, es decir, a qué relaciones concretas se refiere el estigma normativo (cuestión de la validez sustancial). En cuanto a la validez formal, se debe repetir lo que se ha dicho con anterioridad. En paralelo con lo que ocurre en el ordenamiento social, en donde la obligatoriedad reposa en la potencia reactiva de Ω, en el ordenamiento jurídico guardián de la validez de la norma es la instancia Delta la que administra la sanción. Ella es su guardián, su garante, pero no su fuente última: "El mecanismo de implementación de la obligatoriedad es el conjunto del sistema jurídico, que se sostiene en virtud de su propia estructura"[92].

Más compleja es la cuestión de la validez sustancial. Geiger critica la concepción tradicional, según la cual los términos entre los que se da la relación de obligatoriedad son entidades determinadas. Siempre según esta concepción, el juez tiene el deber de observar reglas de contenido determinado, las "llamadas leyes"[93], es decir, en el lenguaje geigeriano, las proposiciones normativas formuladas por el legislador. La jurisdicción consistiría entonces en comprobar una situación de hecho y en aplicar la norma bajo la cual el hecho, según su naturaleza, se subsume. Hoy, advierte Geiger, ningún jurista cree ya que las cosas estén en términos así de simples: los juristas modernos reconocen que la actividad jurisprudencial es en gran parte creadora de derecho. Sin embargo, "el antiguo prejuicio sobrevive obstinadamente y los juristas tienen dificultades para lanzarlo definitivamente al mar"[94]. No tienen el

---

92 *Vorstudien*, cit., p. 219.

93 Ibíd., p. 242.

94 Ibíd., pp. 242 y 243.

coraje de afirmar que el jurista crea el derecho, no sólo en casos excepcionales, sino por regla general.

Para demostrar este supuesto es preciso remitirse a la distinción entre norma subyacente y proposición normativa. Repitamos que la norma subyacente es el modelo de comportamiento concretamente verificable en los procesos de la vida social, mientras que la proposición normativa es un enunciado. Puesto que la subsunción del hecho bajo la norma, a la que se aludía arriba, es un proceso lógico, se deriva que la misma se referirá al enunciado, es decir a la proposición normativa. La subsunción será entonces posible si la proposición normativa posee un ámbito de significado determinado, es decir si se refiere a una clase determinada de hechos concretos; en otros términos, si expresa un tipo de comportamiento manifiesto, entendido como sedimento mnemónico de observaciones realizadas en la vida social. Por el contrario, la proposición normativa no es otra cosa que la reducción conceptual lingüística de estos comportamientos observados; no es, entonces, sino un esquema abstracto.

Geiger no aclara esta sutil pero importante distinción: nosotros trataremos de hacerlo brevemente. De un lado tenemos una serie de experiencias vividas, que tienden a constituirse en un "tipo", una suerte de síntesis de dichas experiencias. Podemos entonces subsumir las diferentes experiencias en el tipo, porque en cierto modo ellas han contribuido a formarlo, constituyen su ámbito de significado. De otro lado, en cambio, el concepto no es un "dato" (resultado de la experiencia), sino una construcción artificial, que deberá indicar determinadas experiencias. De esta manera, la diferencia en cuestión es aquella que se da entre una visión retrospectiva y una visión prospectiva. La proposición normativa es, de acuerdo con su estructura, prospectiva, se *refiere* a hechos que sucederán, no *describe* la esencia (o las notas comunes) de hechos que han sido. El razonamiento que se acaba de hacer es importante, porque de él se deriva que la subsunción se verá obstaculizada no tanto por la forma más o menos genérica de los enunciados legislativos sino, por principio, por la estructura hipotética, dirigida al futuro, de los mismos. Lo anterior, de otra parte, corresponde a la praxis judicial constante. Considérese por ejemplo la noción de diligencia del buen padre de familia. ¿*Cuánta* diligencia se requiere para que el precepto sea observado? La norma no le proporciona al juez un criterio, sino "un simple asidero profesional para imponer las sanciones"[95].

Una vez afirmada esta diferencia de principio entre proposición normativa y norma subyacente, es preciso determinar positivamente en qué consisten las normas subyacentes. La respuesta es que consisten en la aplicación de la proposición normativa por parte del juez. La aplicación proporciona un ámbito de significado a la norma verbal, porque es en el ámbito de la aplicación de la misma que el juez le atribuye a un modelo de comportamiento concretamente verificado el carácter de obligatoriedad. Es importante subrayar también acá la perspectiva estrictamente empírica en que se mueve Geiger. No se trata para él de establecer si a la ley o a la sentencia le corresponde la dignidad de derecho. Se trata de identificar el proceso mediante el cual una norma se aplica. Intentaremos seguir en detalle este proceso.

La norma, entonces, es un punto de referencia conceptual, que guía la actividad del juez. Este refiere los hechos concretos a la proposición normativa. Así, si, por ejemplo, una norma prohíbe a los ciudadanos apropiarse de cosas perdidas, el juez en cada caso referirá a la norma los diferentes supuestos de hecho y determinará su contenido concreto. El contenido de la norma, entonces, está sujeto a una formación progresiva. Cada disposición agrega una nueva faceta al modelo de comportamiento evocado por la norma verbal. Como es obvio, la transformación concierne a todos los elementos de la norma: s, g, A, B. Si lo antes dicho es verdad, no es posible calificar los pronunciamientos del juez con los atributos "justo", "equivocado": el contenido mismo de falsa aplicación del derecho ya no tiene base. Geiger realiza una crítica pormenorizada de dicho concepto. En síntesis, el único significado razonable de "falsa aplicación del derecho" se refiere a la interpretación que no logra consolidarse, la interpretación anticonformista del juez particular, que la instancia Delta, en su conjunto, rechaza.

A lo anterior se podría objetar diciendo que Geiger demuestra, podemos admitirlo, que la actividad del juez es diferente de una mera

---

95   Ibíd., p. 245.

producción de silogismos. Pero queda por demostrar que el resultado de dicha actividad sea el derecho. En cualquier caso es preciso subrayar, de manera un tanto retórica, que la actividad creadora de derecho por parte del juez no resulta de la discusión que se acaba de realizar, sino de toda la argumentación precedente. En breve: si la norma jurídica es el modelo de comportamiento expresado por la estructura específica del ordenamiento jurídico, y si el elemento estructural, que determina la existencia misma de la norma jurídica, es la propensión sancionadora de la instancia Delta, de ello se sigue que son obligatorios, es decir son "normas", aquellos modelos que están condicionados por la actividad de la instancia Delta: es decir, los modelos progresivamente construidos por la actividad jurisprudencial.

CAPÍTULO NOVENO

La función de la ley

De lo dicho hasta ahora parecería posible concluir que el derecho se resuelve en las instancias de los tribunales y que, por ende, las leyes, deliberadas con tanta solemnidad por las asambleas, no tienen peso en el ordenamiento jurídico. Podríamos entonces preguntarnos legítimamente cuál es la razón por la que la función legislativa se encuentra rodeada de tantas garantías y respeto, por qué motivo los juristas cultivan con gran diligencia el estudio de códigos y textos únicos y por qué las facciones luchan tan enconadamente para agregar o eliminar un párrafo, acaso una sola palabra, de un texto legislativo, si todo ello no ha de servir para nada. En realidad, y lo extraño sería lo contrario, las cosas están de otra manera. Cuando se dijo que la proposición normativa no tiene un ámbito de significado *determinado*, ello no equivalía obviamente a decir que no tiene significado alguno. La proposición normativa le proporciona a la jurisprudencia una orientación vaga, pero no por ello menos real. Ante todo, las palabras de la ley, a despecho de todos los malabarismos hermenéuticos, tienen en cualquier caso un ámbito de significado circunscrito, que corresponde a los usos lingüísticos consolidados. Pero este no es el punto. En efecto, se podría sostener, de manera justificada, que según los usos lingüísticos no constituye un acto contrario a la decencia pública el hecho de vestir ropas de características habituales pero de colores extravagantes. Ello sin embargo no impediría que, si la judicatura persiguiera a todos aquellos que visten colores llamativos, el artículo 726 del código penal italiano adquiriera el ámbito de validez determinado también por dicha interpretación. ¿En qué consiste, entonces, la función de la ley? Precisamente en el hecho de que la hipótesis mencionada, normalmente, no se verifica. Para aclarar esta afirmación debemos remitirnos a la distinción introducida por Geiger entre ordenamiento de la acción y ordenamiento de la estructura (*Handelsordnung* y *Zustandsordung*). Entre las normas de estructura se tienen aquellas que definen los diferentes roles sociales y, de manera general, confieren al grupo una determinada fisonomía. Una de las más fundamentales normas de estructura de las sociedades reguladas por el derecho es aquella según la cual la instancia Delta suele orientar su propia actividad en el sentido indicado por los preceptos legislativos. Para usar una vez más las fórmulas, $\Theta : \omega [(s \rightarrow g)_v \frac{AA}{BB}] \rightarrow [(s \rightarrow \bar{g}) \frac{Ac}{B} \rightarrow r\delta]$ [96]. En pocas palabras, la constitución de la sociedad jurídica le impone al juez conformarse a las normas legislativas. También estas normas, como todas las demás, son válidas en una medida cuantitativamente variable. Es así como sucede que ciertas normas caigan en desuso[97].

Con ello se ha dicho que la ley condiciona, orienta la actividad del juez. Pero nada más. La norma subyacente, es decir la norma concretamente determinada, es y sigue siendo aquella que es precisada día tras día en la aplicación de la jurisprudencia.

---

96 *Vorstudien*, cit., p. 265.

97 Esta perspectiva permite poner bajo una nueva luz el hecho inexplicable de ciertas leyes que, no obstante las repetidas afirmaciones de la doctrina, de hecho han caído en desuso. En realidad no es la ley en cuanto tal la que ha caído en desuso, dado que para ella el problema no se plantea. Es la norma de estructura la que, en relación con dicha ley, no es aplicada.

CAPÍTULO DÉCIMO

Relación entre normas

a. Normas formales y normas materiales

Es claro que el problema de la determinación cuantitativa de la obligatoriedad de una norma adquiere notable complejidad a la luz de las consideraciones recién desarrolladas. En efecto, ¿cuándo se puede establecer que la norma ha sido violada pero que dicha violación no ha sido castigada, y cuándo, por el contrario, se debe considerar que se está en presencia de un caso de modificación? Geiger no afronta el problema en esos términos, pero lo considera desde otro punto de vista, partiendo de la distinción entre derecho formal y derecho material. Admitamos, entonces, que la norma $s \to g$ tiene un contenido determinado, tal que sea posible expresar la obligatoriedad de la misma según la alternativa $s \to \frac{\to g}{\to g} \to r$. Los casos que no corresponden a esta alternativa han de ser imputados a la magnitud i, que expresa numéricamente la inefectividad de la norma. Dichos casos, sin embargo, son todo menos homogéneos, comprendiendo una variedad de hechos muy diversos, que Geiger agrupa en un cierto número de clases, con la advertencia de que la clasificación es puramente orientadora. Ante todo, puede ocurrir: 1) que el transgresor permanezca sin castigo por el simple hecho de no haber sido descubierto; 2) que la secuencia punitiva llegue hasta la imposición de la pena, pero la ejecución no tenga lugar porque, por ejemplo, el transgresor ha muerto (o bien es insolvente: "donde no hay nada, aun el emperador ha perdido sus derechos"); 3) una hipótesis más interesante es aquella en donde si bien la transgresión ha ocurrido y el transgresor ha sido descubierto, por razones procesales (por ej., *ne bis in idem*) no es posible perseguir jurídicamente el hecho o castigar al culpable; 4) que la secuencia punitiva no alcance su conclusión "por un error judicial".

Sin considerar la oportunidad de esta clasificación (si, por ej., los puntos 2 y 3 constituyen una clase homogénea), debemos plantearnos la pregunta fundamental en el sentido de si realmente los casos indicados representan casos de inefectividad de la norma. Pongamos el ejemplo de un acreedor. La ley no impone *tout-court* el pago al deudor, pero establece que en caso de incumplimiento el acreedor podrá acudir al juez. En este caso deberá observar una larga serie de formalidades, deberán subsistir numerosas condiciones (por ej., aquellas relativas a la prescripción), el acreedor deberá proporcionar la prueba de su crédito y, si al final del proceso el deudor resulta solvente, logrará la satisfacción del crédito. En otras palabras, mediante el conjunto del ordenamiento jurídico se garantizan, a determinadas personas, determinadas posiciones en presencia de determinadas condiciones. Entonces, en rigor, sólo después de haber comprobado analíticamente la presencia de todas las condiciones formales establecidas por el ordenamiento es posible afirmar que un derecho ha sido violado. El razonamiento es válido, según Geiger, en la medida en que le niega crédito a la noción metafísica de derechos u obligaciones dotados de existencia autónoma, pero no hasta el punto de negar la oportunidad de una distinción entre normas materiales y normas procesales.

De las nociones de derecho subjetivo y obligación hablaremos más adelante. Por ahora concentremos nuestra atención en las nociones de derecho formal y material. Si el método expositivo antes indicado fuera el único legítimo, se debería concluir que el deudor, que no expide un recibo y sin embargo restituye lo que ha recibido en préstamo, le hace un regalo al acreedor; que el criminal identificado después del vencimiento de los términos de prescripción no ha cometido el delito, y así sucesivamente.

Ello equivaldría a considerar que una norma es válida sólo en los casos en que es transgredida y a la vez provoca la sanción. Geiger rechaza esta concepción, que denomina monismo de la sanción (*Sanktionsmonismus*). En este caso opera la distinción entre el elemento *constitutivo* de la obligatoriedad de la norma, que es, como sabemos, la propensión a reaccionar de Δ, y el elemento *indicativo* de dicha obligatoriedad, que es la efectiva sanción en el caso concreto.

Para concluir, en el cálculo de la inefectividad de una norma se tendrán presentes los elementos de la norma primaria, y serán imputados a todos los casos en los que la violación de la norma primaria no sea seguida por la sanción, con independencia del hecho de que ello ocurra en conformidad con normas que regulan la aplicación de la sanción, es decir de normas procesales.

b. Concurrencia de normas contrarias

En los ordenamientos jurídicos modernos ocurre de manera frecuente que dos preceptos sean, de acuerdo con su tenor, incompatibles. La dogmática jurídica se encuentra ante una gran dificultad, cuando el conflicto tiene lugar entre normas del mismo grado, de manera de no ser componible según el principio de la subordinación jerárquica de las fuentes. Con este fin se formulan diversos criterios. El problema de la "concurrencia de normas contrarias"[98], que Geiger plantea según su método de estudio, se refiere a este caso bien conocido por los juristas. La hipótesis inicial es que "en orden a una clase de casos concretos semejantes concurran, en cuanto a validez sustancial, dos normas que se excluyen recíprocamente de acuerdo con su significado"[99]. Por ejemplo, un inmueble debe ser demolido, según la ley, por amenazar ruina. Pero otra norma impone que el edificio sea conservado, en protección del patrimonio artístico. Este es el caso más simple: el juez mediará la antinomia creando una tercera norma según la cual, en este caso, la primera norma prevalece sobre la segunda o viceversa. Existen sin embargo otras hipótesis de las que, según Geiger, los prácticos del derecho no son igualmente conscientes. Por ejemplo, entra en vigor una nueva ley. Diferentes jueces le atribuyen un distinto ámbito de validez: según el juez Δ_1, la validez sustancial de la norma es $s_1 \rightarrow g_1$; el juez Δ_2, por el contrario, considera que la misma es $s_2 \rightarrow g_2$. Supongamos que el índice$_1$ está por un ámbito de validez restringido, y el índice $_2$ por un ámbito de validez extenso. Para fijar las ideas, supongamos que de acuerdo con Δ_2 el denominado hurto de energía cinética constituye sustracción de cosa mueble, y que Δ_1 sea de opinión contraria. Como se recordará, según

---

98   *Vorstudien*, cit., p. 271.
99   Ibíd., p. 271.

la aplicación formulada con anterioridad en materia de completud del ordenamiento jurídico, toda norma implica la correspondiente norma de abstención, que expresa la garantía de libertad del ciudadano. Por consiguiente, cuando el juez Δ_2 castiga al autor de $s_2 \rightarrow g_2$, al mismo tiempo viola la norma negativa implicada por la norma $(s_1 \rightarrow g_1)$ aplicada por el juez Δ_1. El fenómeno se puede expresar como caso de inefectividad de la norma negativa implicada por $(s_1 \rightarrow g_1)_v$, o bien como concurrencia de normas contrarias en orden al mismo hecho (en el ejemplo: sustracción de energía cinética). Normalmente estos conflictos encuentran composición por parte de la instancia superior, que atribuye un determinado ámbito de validez a la proposición normativa. Ello no impide que durante cierto tiempo, dos o más normas subsistentes, incompatibles entre sí, sean obligatorias en el ordenamiento jurídico, bajo la especie de interpretaciones divergentes de una misma proposición normativa. El razonamiento recién desarrollado puede parecer absorbido por cuanto se había dicho con anterioridad en relación con la actividad interpretativa en general. Hay, sin embargo, una diferencia, puesto que acá no se trata de comprender el proceso de determinación de la validez sustancial de una proposición normativa, proceso que en términos generales puede ser considerado acumulativo y uniforme, sino que se trata de aislar el caso límite en donde dicho procedimiento tiene lugar dialécticamente, mediante aplicaciones incompatibles entre sí.

CAPÍTULO UNDÉCIMO

Sobre algunos temas tradicionales de la reflexión sobre el derecho

En las páginas siguientes examinaremos algunos temas clásicos de la teoría del derecho. Ya hemos advertido que no es posible reunir sistemáticamente todos los problemas discutidos por Geiger sin hacerle violencia al texto. Pese a ello, lo anterior no autoriza a pasar por alto aquellos que no se prestan para la síntesis, cuando traen a la luz aspectos relevantes del pensamiento de Geiger sobre los problemas del derecho.

a. Modos de presentación del derecho

Hemos citado adrede la conocida expresión de Alf Ross para titular este parágrafo. En efecto, existe una estrecha analogía entre el método con que Ross discute el problema de las "particiones" del derecho y las reflexiones formuladas por Geiger en relación con el binomio derecho subjetivo/obligación jurídica.

Geiger parte de las nociones de bien jurídico e interés jurídico. Tales nociones han sido criticadas por los juristas de Uppsala. Por fuera del efectivo ordenamiento jurídico, afirma Anders Vilhelm Lundstedt[100], "no hay ningún punto firme que haga posible una valoración según la cual establecer qué intereses son merecedores y están necesitados de protección". No tiene sentido, entonces, afirmar que el ordenamiento jurídico adopte determinados intereses, merecedores y necesitados de tutela, los dote de garantías jurídicas y cree de esa manera los derechos subjetivos, como afirma la Jurisprudencia de Intereses. Según Geiger, dicha crítica es fundada mientras objeta la existencia de bienes o intereses "jurídicos" anteriores al ordenamiento jurídico. Pero va más allá de su alcance legítimo cuando niega el concepto mismo de interés, como dato preexistente a la tutela jurídica. Los hombres, con independencia de toda

---

100   Cfr. *Vorstudien*, cit., p. 162.

tutela jurídica, están naturalmente interesados en determinados objetos y determinados procesos concretos. "En el frío invierno sin carbón en que me encuentro escribiendo estas palabras, dice Geiger, todos tenemos 'interés en que llegue cuanto antes el deshielo'". En la medida en que el actuar humano puede contribuir a realizar tales intereses, es perfectamente concebible que el ordenamiento jurídico positivo asegure a los intereses determinadas posiciones. Dentro de estos límites, un interés se transforma en un interés jurídico. La tutela jurídica, como es obvio, está condicionada, limitada. La ley protege mi vida pero no me protege del funcionario que debe cumplir una legítima condena a muerte, ni del médico que, de buena fe y sin culpa, en lugar de curarme apresura mi muerte. Ahora bien, del hecho de que la tutela sea parcial, condicionada, no es lícito deducir que el interés no existe. Por el contrario, toda nueva norma jurídica tutela un interés, y este hecho no carece de importancia desde el punto de vista sociológico. Es verdad que el interés jurídicamente protegido no es una noción clarificadora para la jurisprudencia sistemática, que lo debe reconstruir en los términos de la tutela jurídica. Ello no quita que para la observación sociológica dicho interés constituye una realidad. Se entiende que tal realidad no consiste en atributos concretos inherentes a los objetos definidos dignos de interés, sino que consiste en la posibilidad de comprobar que en determinado momento histórico ciertos objetos son considerados dignos de interés.

Regresemos ahora por un momento a la citada frase de Lunstedt. Según este autor, el rechazo de la noción de interés jurídico implica también el de la noción de derecho subjetivo y de obligación jurídica. Tales términos se referirían a entidades metafísicas. Un sujeto en realidad no tiene derecho sino que, en determinadas circunstancias, la ley le asegura determinadas posiciones. El problema es análogo al ya señalado y que se presenta en materia de distinción entre derecho material y derecho formal, y también en este caso la solución es semejante. Ante todo, observa Geiger, no es prácticamente utilizable un lenguaje rigurosamente descriptivo, en el cual a términos como derecho y obligación se sustituya la enumeración analítica de todas las condiciones establecidas por el derecho en garantía de la posición de un sujeto. De otro lado, no se ve por qué la terminología tradicional no podría ser conservada, una vez que deje de evocar representaciones metafísicas. Una vez aclarado que los derechos subjetivos y las obligaciones no son objetos por "descubrir", entidades dotadas de vida propia, y que por lo tanto no tiene sentido preguntarse, por ejemplo, si es posible una obligación a la que no le corresponde ningún derecho subjetivo, los dos términos pueden adquirir un significado preciso y desempeñar una función útil en el lenguaje jurídico. Considérese la fórmulas $(s \rightarrow g)_v \frac{AA}{BB}$, relativa a la norma jurídica. No hay ninguna dificultad en expresarla declarando que A tiene la obligación de contratar según $s \rightarrow g$. Es suficiente tener presente que no se designan objetos, sino que se enuncia en forma abreviada el contenido de una norma. De la misma manera, cuando se dice que un artículo del código civil tutela el interés del acreedor, ello significa que el acreedor tiene interés en recibir el pago, y la norma es o puede ser para él un instrumento apto para perseguir dicho interés.

En conclusión, nociones como derecho subjetivo y obligación son modos de presentación del derecho que no es necesario expulsar del vocabulario jurídico sólo porque, en razón de su forma abreviada, han dado lugar a equívocos.

b. Juridicidad del derecho internacional

Se recordará que de acuerdo con Geiger el ordenamiento jurídico se define como el ordenamiento de un agregado social dirigido por un poder central, que ejerce en monopolio la actividad sancionatoria, mediante la instancia Δ. Podemos ahora agregar que en el lenguaje geigeriano tal noción de agregado social coincide con la de Estado. Sabemos también que las estructuras sociales se pueden expresar en términos de normas de conducta, y así también el Estado. El hecho de que determinadas normas operen en el ámbito de un Estado no es suficiente para cualificarlas como normas jurídicas. Y las normas tampoco se definen como jurídicas en virtud de determinado contenido. "El ordenamiento jurídico se diferencia de otros sistemas de normas según la estructura del mecanismo del ordenamiento"[101] es decir de acuerdo con el mecanismo de aplicación de las normas de que se compone. Ahora bien, hay normas que se podrían definir jurídicas en razón de su contenido, que son aquellas que se refieren al funcionamiento y la organización del poder central, a la organización y al modo de operar del mecanismo judicial. Sólo en apariencia ello constituye una excepción: en efecto, sabemos que el ordenamiento jurídico, por definición, implica la presencia de un poder central y de un mecanismo judicial, lo que equivale a decir que implica la existencia de una serie de normas que les den sustancia a tales estructuras. Tales normas no son y no pueden ser sancionadas a la manera típica de las normas primarias del ordenamiento jurídico, precisamente porque sobre ellas reposa la actividad sancionatoria de Δ.

Esta premisa era necesaria para aclarar la opinión de Geiger sobre la juridicidad del ordenamiento internacional. El autor divide la cuestión en dos puntos: 1) se pregunta si las normas de derecho internacional público son, en sentido absoluto, fenómenos jurídicos; 2) se pregunta si a dichas normas les puede ser atribuida la obligatoriedad. En cuanto al primer punto, Geiger responde positivamente, como conclusión lógica de lo dicho con anterioridad; tales normas, en efecto, "son precisamente los síntomas reconocibles del proceso histórico que tiende a la organización de una multiplicidad de estados en más amplias unidades estatales"[102]. No presentan, es verdad, las características de las normas de un ordenamiento jurídico, según lo habíamos definido arriba, de manera que podemos definirlas derecho *in fieri*, derecho inconcluso, lo que en cualquier caso es muy diferente de negar categóricamente que las mismas sean fenómenos jurídicos. En cuanto a la obligatoriedad, partamos una vez más de las normas constitucionales. Según los monistas de la sanción, si una norma, como por ejemplo la referida a la convocatoria del parlamento, no está acompañada de una sanción, como consecuencia de ello no es obligatoria. Los clásicos metafísicos del derecho, por el contrario, parten del principio de que las normas constitucionales son jurídicas y, una vez constatan que las mismas carecen de sanción,

---

101 Ibíd., p. 161.
102 Ibíd., p. 221.

concluyen que la sanción no tiene nada que ver con la obligatoriedad de una norma. A los monistas de la sanción, Geiger les hace notar que no es lícito, a partir de la simple ausencia de una explícita conminación en la proporción normativa, concluir que una norma carece de sanción. El problema consiste en establecer qué ocurriría si el jefe de Estado no convocara al parlamento en el término establecido. Podría, por ejemplo, seguirse una crisis política y la consiguiente deposición del jefe de Estado, o bien, sin llegar a tanto, el jefe de Estado podría dar marcha atrás, ante la amenaza de una revolución. En ambos casos, la norma constitucional se demostraría efectiva, en cuanto la transgresión sería sancionada de manera muy diferente respecto de una norma ordinaria (en efecto, aquí no se verifica una reacción organizada de la forma r $\frac{\Delta}{Ac}$, sino una reacción espontánea r $\frac{\Omega}{\Delta c}$), si bien no menos obligatoria.

En la hipótesis contraria, habríamos registrado una modificación de las normas constitucionales. Igual ocurre con las normas de derecho internacional. El problema de su obligatoriedad no es un problema de principio, sino un problema de hecho. Son normas cuya obligatoriedad no es la típica de las normas jurídicas; pero no por eso carecen de ella. Entre otros argumentos, Geiger aduce un hecho bien conocido a los cultores del derecho internacional, es decir que muy raramente los Estados desconocen los principios del derecho internacional, pues lo que suelen hacer es sostener que el supuesto de hecho no corresponde a la hipótesis contemplada por el principio. No se niega, por ejemplo, a un Estado el derecho de represalia, sino que se niega que las circunstancias sean aquellas que autorizan al Estado para ejercer ese derecho.

c. El problema de las fuentes del derecho

Como hemos visto, al hablar del conflicto de normas, Geiger parte de problemas tradicionales de la teoría jurídica, pero los plantea de manera original, a tal punto que la discusión adquiere nueva sustancia, y se termina por discutir cuestiones profundamente diferentes de aquellas evocadas tradicionalmente. Ante todo, Geiger se propone analizar el significado polivalente del término "fuentes del derecho". Ciertas categorías, como aquella de fuentes de cognición, se dan por descontadas. Por lo tanto es suficiente con haberla nombrado. Más importante, y acorde con la sistemática geigeriana, resulta la distinción entre fuentes del contenido y fuentes de la obligatoriedad de una norma. De una parte se trata del estigma normativo v, de otra del agregado s → g. Si se tiene en cuenta que estamos hablando de *obligatoriedad jurídica* de una norma, en ese sentido su fuente no es sino "la sociedad jurídica en su conjunto, con el mecanismo del ordenamiento jurídico, y sus órganos"[103]. Como han afirmado los filósofos del derecho de Uppsala, la validez de una norma no reposa en una única causa, está determinada por el funcionamiento del mecanismo jurídico en su conjunto. Se puede hablar de una causación de conjunto, estructural, según un modelo que se afirma también en las ciencias naturales. "Cuando dos o más hechos individuales al interior de un sistema son co-variantes, es posible que no haya por descubrir ninguna variable independiente (llamada causa). Entonces sólo el curso interconectado de la diferentes modificaciones en el sistema puede ser descrito y cuantificado"[104].

Imaginemos que, como ocurre en ocasiones, la judicatura boicotee sistemáticamente una norma formalmente adoptada por los órganos competentes. Dicha norma no es bajo ningún título obligatoria. De otro lado, la judicatura subraya la obligatoriedad de una norma en los casos de transgresión, pero la validez de la norma no está circunscrita a estos casos, extendiéndose en cambio a todos aquellos en que la norma es respetada espontáneamente por los ciudadanos. Podemos agregar que la magistratura le confiere sustancia a las proposiciones normativas formuladas por el legislador, pero no desempeña dicha actividad en el vacío; por el contrario, la desarrolla en las direcciones indicadas por el legislador, el cual proporciona relevancia, legislando, a determinados aspectos de la vida social. Sabemos asimismo, por experiencia, que en ciertos casos es precisamente la judicatura la que le confiere relevancia jurídica a relaciones sociales aún no tomadas en consideración por la ley, por ejemplo mediante el procedimiento analógico. En conclusión,

---

103 Ibíd., p. 169.
104 Ibíd., pp. 170 y 171.

ningún factor puede pretender, en materia de fuentes de validez, ser exclusivo.

El mismo razonamiento se puede hacer en relación con las fuentes del contenido de las normas: costumbre, ley, judicatura participan, en medida variable, en el proceso de formación del contenido. Dicho proceso, que presenta un interés eminente para la historia y la sociología del derecho, no tiene mucho peso para la jurisprudencia práctica y sistemática, a la que apremia, más bien, saber si una determinada relación está o no contenida en una norma.

Tras fijar estos puntos, Geiger procede al análisis detallado de la costumbre, de la legislación y de la actividad jurisprudencial. Habla de juridización de la costumbre. Esta teoría parte de una distinción: costumbre, por un lado, derecho consuetudinario, por otro. Pero dicha distinción es todo menos obvia. El problema es, entonces, el de establecer la manera según la cual un modelo de comportamiento habitual deviene el contenido de una norma jurídica.

Geiger identifica tres procesos: "1) la instancia Δ funda su propia actividad decisoria en reglas consuetudinarias: *opción judicial* por las reglas consuetudinarias; 2) el legislador, respecto de determinadas relaciones, establece de manera expresa en textos proclamativos una reserva en favor de las reglas consuetudinarias concernientes a dicha relación: *autorización legislativa* de las reglas consuetudinarias; 3) el legislador constata la existencia de una regla consuetudinaria, y proclama su contenido en forma de ley: *opción legislativa* por una regla consuetudinaria"[105]. Las aclaraciones que Geiger agrega no plantean problemas. En relación con el primer proceso, se puede destacar que Geiger reafirma que la costumbre deviene jurídica no tanto desde el momento en que la judicatura comienza a castigar las transgresiones de la regla consuetudinaria, como desde el momento en que subsiste en la judicatura una predisposición a reaccionar contra las transgresiones (*Reaktionsbereitschaft*). "La actual imposición de una sanción no es causa de una modificación, es sólo su índice"[106], afirma Geiger. Mien-

---

105 Ibíd., p. 183.
106 Ibíd., p. 184.

tras no subsiste la predisposición mencionada, la costumbre puede ser vinculante como norma social, pero no específicamente jurídica, o bien puede ser un mero hábito no obligatorio. Por último, para no dar la impresión de atribuirle demasiada importancia a la concreta aplicación de la sanción, como prueba de que se ha producido la juridificación, Geiger concede que "hay múltiples síntomas de la subsistencia verosímil de una norma jurídica"[107].

Otro punto que no plantea problemas es el que se refiere a las costumbres genuinamente jurídicas, es decir a aquellas que se forman en el curso de la actividad de la judicatura. De ellas dice Geiger que mientras "su carácter normativo puede ser problemático, su carácter jurídico no lo es"[108].

Posteriormente, Geiger se ocupa de las consecuencias que cada uno de los tres procesos en mención puede tener sobre la función normativa de las reglas consuetudinarias. Los tres procesos tienen en común un efecto de esclerosis sobre la regla de costumbre que, por su naturaleza, tendería, en cambio, a adaptarse a las transformaciones sociales. Tales efectos se manifiestan en sumo grado en el caso de opción legislativa. Que dicha rigidez de la ley no sea de hecho operativa, es algo que hemos visto al hablar de la interpretación. Se trata, dice Geiger, "de una venganza de la vida sobre las instituciones"[109]. Más adelante, con el auxilio de dos gráficas que no son, a decir verdad, de relevante utilidad explicativa, Geiger se ocupa del efecto, estimulante o de freno, que las normas pueden tener sobre las transformaciones sociales. Este problema, sin embargo, es sólo señalado rápidamente.

El capítulo sobre las fuentes del derecho se concluye con una breve discusión acerca del carácter imperativo de las normas jurídicas. Si bien el argumento no tiene nada que ver con el problema de las fuentes (como Geiger, por otra parte, advierte), sus opiniones al respecto nos ocuparán en lo que sigue. La norma, para Geiger, no tiene carácter imperativo, ni siquiera en el sentido amplio en que el término es utilizado por Karl

---

107 Ibíd., p. 187.
108 Ibíd., p. 191.
109 Ibíd., p. 195.

Olivecrona (imperativo independiente). "La esencia de la norma subyacente consiste siempre y en cualquier parte en el hecho de que ella, gracias a la interdependencia que existe en el curso de la actividad social entre los miembros de la sociedad gobernada por el derecho, tiene una probabilidad alternativa de realizarse. Para un imperativo, no hay lugar alguno"[110], explica Geiger.

---

110 Ibíd., p. 203.

CAPÍTULO DUODÉCIMO

¿Sociología del derecho o crítica de la ideología?

En las páginas anteriores se intentó exponer de manera unitaria la sociología del derecho de Theodor Geiger, no obstante la estructura por ensayos de los *Vorstudien*, los cuales presentan más una serie de motivos de reflexión, desenvuelven un trabajo crítico predominantemente demoledor, y no ofrecen una teoría orgánica de la sociología del derecho. Ello no significa sin embargo que Geiger haya formulado un cúmulo de observaciones inconexas, unidas sólo por el hecho de estar contenidas en el mismo libro. Si el autor no nos propone un sistema teórico orgánico, indica pese a ello claramente ciertas direcciones, ciertas vías por las cuales los sociólogos del derecho deberían encaminarse, y por las cuales él, de primero, se adentra, agregando a la sugerencia el ejemplo. Es ésta la unidad, que se ha de entender dinámicamente, de los *Vorstudien*, la cual supone, como es obvio, una reflexión ya madurada, que ponga en claro los problemas más importantes afrontados.

Si pasamos revista a las obras en donde la *Rechtssoziologie* de Geiger es tomada en consideración por la crítica, se pueden identificar dos corrientes de pensamiento. De acuerdo con la primera (podemos citar los nombres de Hans Albert, Paul Trappe y Paolo Farneti)[111], los *Vorstudien* serían una obra de crítica de la ideología, que corresponde situar como tal sobre el telón de fondo de la Escuela de Uppsala y del anatema lanzado por Axel Hägerström contra los juicios de valor. Una segunda corriente (Nicholas Timascheff, Wolfgang Kaupen, Gerd Spittler)[112] considera la sociología del derecho de Geiger en su aspecto específicamente sociológico y extrae de ella materiales para la investigación empírica. Habría

---

111   H. Albert, "Theodor Geigers 'Wertnihilismus'", en *KSfSS*, 1955, pp. 93 y ss.; Trappe, *Die Rechtssoziologie Theodor Geigers*, cit., passim; Farneti, *Theodor Geiger*, cit., p. 194.

112   N.S. Timasheff, "Wie steht's heute mit Rechtssoziologie?", en *KZfSS*, 1956, p. 416; W. Kaupen, *Naturrecht und Rechtspositivismus*, cit., passim; Spittler, *Norm und Sanktion*, cit., passim.

un último aspecto, desarrollado ampliamente por Paul Trappe[113]. Según este autor, los *Vorstudien* habrían demostrado las amplias posibilidades de colaboración entre sociología del derecho y ciencia jurídica. Trappe indica cierto número de temas jurídicos en los que a la sociología jurídica le correspondería la función de ciencia auxiliar. Parece lícito, no obstante, disentir de esta opinión. La noción de ciencia auxiliar es equívoca. Razonablemente, puede ser entendida en el sentido de ciencia aplicada, es decir técnica. En el caso de la ciencia social, la técnica respectiva no podría ser una suerte de "ingeniería social". Si bien esta idea ha sido propugnada por varios nombres sumamente prestigiosos[114], permítasenos formular perplejidades al respecto. Desde el momento en que una ciencia se interesa por sus posibles aplicaciones prácticas, es improbable que se instaure una relación en sentido único: las realizaciones prácticas no tardarán en hacer sentir sus efectos sobre la teoría. El impulso práctico que condiciona el conocimiento, del que habla Karl Mannheim[115], saldría reforzado de ello, y la sociología se encontraría prisionera de ese ejercicio cotidiano de crítica del poder, en el que Geiger identifica la tarea más noble de la sociología[116]. Ciertamente, en la medida en que la sociología obtenga resultados tangibles, tales conocimientos serán susceptibles de ser aplicados. Nos preguntamos sin embargo si es tarea precisamente del sociólogo, *en cuanto tal*, reclamar estas aplicaciones.

Permanezcamos entonces firmes en la alternativa: sociología del derecho o crítica de la ideología. Es probable que las dos orientaciones sean igualmente legítimas y reflejen dos aspectos de los *Vorstudien*. De un lado se tiene la exigencia de identificar concretas "conexiones de realidad", que se presten para la verificación o la falsación intersubjetiva. De otro, la exigencia de sustraer la teoría al "pantano de los pensamientos metafísicos e ideológicos"[117]. La segunda exigencia se expresa

---

113 Trappe, Ob. cit., pp. 293 a 305.

114 Cfr., por ej., Malinowski, *Teoria scientifica della cultura*, cit., p. 23; A. Ross, *Diritto e giustizia*, cit., pp. 297 ss; H. Albert, "Theorie und Prognose in den Sozialwissenschaften", en *Logik der Sozial- wissenschaften*, cit., pp. 125 ss.

115 Manheim, *Ideologia e utopia*, cit., p. 6.

116 Cfr. supra.

117 *Vorstudien*, cit., p. 40.

en dos direcciones separadas: ante todo en una preparación teórica de la investigación, que sea vigilante, siempre atenta a las eventuales implicaciones ideológicas (valoraciones); a continuación, en el análisis de las concepciones tradicionales y difusas, a menudo impregnadas de elementos a-teóricos, de manera de identificar el eventual contenido de realidad que tales concepciones a veces disimulan, en lugar de expresarlo. Sólo esta última dirección cognoscitiva puede ser calificada como crítica de la ideología. La misma será ilustrada en primer término; también intentaremos aducir algún argumento en favor de la tesis según la cual la *Ideologiekritik*, mientras constituye un "*memento*" útil para el investigador, no puede ser una base concreta a partir de la cual dar comienzo a investigaciones empíricas. La afirmación puede parecer obvia; pero acaso lo sea menos si de ella extraemos la consecuencia de que, queriendo contribuir al progreso de la sociología del derecho como ciencia empírica, será más útil estudiar los *Vorstudien* respecto de los elementos más específicamente sociológicos que ofrecen.

No será inútil formular algunas indicaciones sumarias sobre las ideas de Geiger en materia de ideología. "Toda ideología reposa en la teorización y objetivación de una primaria relación de sensación (*Gefühlsverhältnis*), que se instaura entre el sujeto hablante y un objeto"[118]. El punto de partida es la crítica del subjetivismo idealista promovido por la Escuela de Uppsala. Como escribe un discípulo de Hägerström, Martin Fries, citado por Geiger, la sensación se distingue de la percepción porque "su contenido (placer, displacer, júbilo, etc.) no puede ser nunca constatado actualmente en el mundo espacio-temporal"[119]. Geiger toma distancia de Hägerström en cuanto no está dispuesto a considerar las ideas de valor "una nada", sino que las define una ilusión. Así que "la ideología no es falsa en sentido lógico, sino en sentido gnoseológico"[120]. Aquí se inserta la crítica geigeriana al concepto de ideología de Karl Mannhe-

---

118   Th. Geiger, "Kritische Bemerkungen zum Begriff der Ideologie", en *Arbeiten zur Soziologie*, cit., p. 420.

119   Ibíd., p. 418.

120   Ibíd., p. 421.

im[121]. Geiger reprocha a Mannheim el hecho de haber "noologizado"[122] la ideología, transformando la base social del saber en la única determinante del mismo. Por consiguiente, la tentativa de fundar la objetividad del conocimiento sobre nuevas bases es rechazada como contradictoria. El relacionismo, es decir la doctrina según la cual es posible fundar un saber objetivo mediante la imputación de las diferentes perspectivas a sus determinantes sociales, no es conciliable con el panideologismo de Mannheim. Sin pensar en una crítica exhaustiva, observemos sin embargo que el relacionismo es ciertamente un aspecto problemático del pensamiento de Mannheim. Él mismo (desde un punto de vista diferente del de Geiger) señala su aspecto contradictorio[123]. Pero es el presupuesto de las críticas de Geiger el que parece ser inexacto. No obstante, no parece posible acusarlo de panideologismo, cuando él mismo escribe: "La tesis principal de la sociología del conocimiento es que hay *aspectos* del pensar que no pueden ser adecuadamente interpretados mientras sus orígenes sociales permanezcan oscuros"[124]. En general, parece equivocado condenar sin apelación a un pensador "complejo y sutil"[125] como Karl Mannheim. En *Ideologie und Wahrheit*, si bien se desarrolla el problema de la ideología de manera más amplia, no parece que Geiger agregue mucho a cuanto se ha señalado arriba. Gran parte del libro es una historia del concepto de ideología.

Sin entrar en ulteriores detalles, es oportuno llamar la atención sobre el gran número de problemas que la *Ideologiekritik* de Geiger implica. Algunos de ellos cruzan la frontera de la problemática filosófica. No

---

121 *Arbeiten zur Soziologie*, cit., pp. 431 a 459.

122 La noología es aquella ciencia que se ocupa de los principios supremos, y en ese sentido es muy semejante a la ontología. Filosóficamente, es la doctrina que sostiene que la existencia de la vida espiritual es independiente de momentos materiales y psíquicos.

123 *Ideologia e utopia*, cit., p. 266. Cfr. cuanto escribe al respecto Renato Treves, en *Libertà politica e verità*, Milano, Ediz. di Comunità, 1962: "Esta defensa del pensamiento utópico adelantada en el mismo terreno de la sociología del saber que parecía quererlo negar, esta afirmación de la exigencia de idealidad social y política que trascienda la historia hecha por un hombre que se ha dedicado esencialmente a descubrir los factores históricos que determinan estos ideales constituyen, a mi modo de ver, uno de los puntos más importantes, uno de los aspectos más dramáticos del libro *Ideologia e utopía*".

124 *Ideologia e utopia*, cit., p. 4.

125 C. Wright Mills, *L'immaginazione sociologica*, Milano, Il Saggiatore, 1962, p. 16.

parece ser que los *Vorstudien* hayan proporcionado contribuciones relevantes para la discusión respectiva. A lo sumo, podemos considerar que en la crítica de concepciones jurídicas tradicionales Geiger pone en práctica ese análisis de los contenidos de tales concepciones que para él constituía una de las tareas de la *Ideologiekritik*. Sin embargo, desde el punto de vista estrictamente crítico-ideológico no es claro cómo se podría proceder más allá de dicha constatación de hecho.

Si nos preguntamos ahora en qué medida Geiger ha contribuido a la sociología del derecho entendida como investigación de la realidad, la atención se desplaza a la primera parte de los *Vorstudien*, dedicada al examen del ordenamiento social. Es necesario precisar que también aquí no es el caso de esperarse "resultados", como el descubrimiento de correlaciones o la formulación de leyes. Todo lo más, podemos encontrar instrumentos conceptuales, principalmente definiciones, y la discusión se referirá a su utilidad práctica y, en la medida de lo posible, se intentará establecer si su utilización conduce a resultados instructivos.

CAPÍTULO DECIMOTERCERO

El ámbito de la sociología del derecho

Es preciso hacer acá una última observación, de carácter general, antes de pasar a temas más específicos. En el capítulo final de *Die Gestalten der Gesellung* (1928) titulado "Entwurf der Umrisse und Fragestellungen einer Soziologie des Rechts", Geiger plantea un programa de estudios para la sociología del derecho. En el mismo, Geiger distingue dos direcciones fundamentales: 1) sociología cultural *material* del derecho, y 2) sociología *formal* del derecho. En la primera, se estudian las proposiciones jurídicas entendidas como producto de la cultura y se investigan sus condiciones sociales. Las leyes son tomadas en consideración en su influencia sobre la vida social, y se describen los diversos estilos de la vida jurídica (casuística, sistemática, partición del derecho en diferentes ramas, etc.), esforzándose en identificar parentescos con estilos culturales dominantes en otros campos. En la segunda dirección, se considera el derecho no "como creación cultural, sino como tipo de ordenamiento social, es decir a la obra en su función ordenadora".

Este programa es interesante porque, no obstante que los posteriores desarrollos del pensamiento de Geiger inducen a considerar *Die Gestalten der Gesellung* como libro superado[126], la enumeración de argumentos contenida en el capítulo "Entwurf der Umrise und Fragestelungen einer Soziologie des Rechts" es retomada implícitamente en el prefacio a los *Vorstudien*, en donde el autor alude al propósito originario de escribir una obra más vasta, propósito al que por razones de espacio se ha visto obligado a renunciar.

Si intentamos entender en qué consiste la diferencia entre sociología "formal" y "material" del derecho, debemos ante todo renunciar a entender esas palabras en el sentido en que probablemente eran entendidas por Geiger en 1928. Hemos visto que Geiger se aleja progresivamente de la tradición cultural de su país de origen. Por tanto es presumible que

---

126   Cfr. Trappe, *Die Rechtssoziologie Geigers*, cit., p. 113.

en 1947, fecha de publicación de los *Vorstudien*, no razone ya en términos de sociología de las "obras del espíritu" y de sociología formal. Resulta significativo que en el prefacio a los *Vorstudien* no use más los términos formal y material, sino que hable de "determinación científico-sistemática del lugar de la sociología" en relación con las otras ciencias, de "estudio de las formas histórico-sociales de administración de justicia", designando así los argumentos que no ha podido tratar. Si, además, tenemos presente que Geiger considera la sociología una ciencia unitaria dirigida a indagar la "modalidad social" de los fenómenos humanos[127], es lícito admitir que la originaria dicotomía entre sociología formal y material del derecho pueda traducirse en una distinción entre diferentes niveles de investigación. A la sociología formal corresponde el estudio del derecho en el cuadro de una sociología general. Así, el derecho es concebido como modalidad específica del orden social. De tal manera, al interior del derecho, se estudian modalidades aún más específicas, como por ejemplo la burocratización. Podríamos entonces hablar de sociología jurídica general y especial.

---

127 *Arbeiten zur Soziologie*, cit., p. 47.

CAPÍTULO DECIMOCUARTO

Estructura de las definiciones formuladas por Geiger

Sabemos que para Geiger la sociología del derecho estudia "conexiones de realidad". Ello significa que los objetos de que se ocupa deben encontrarse en el mundo espacio-temporal. Entonces, la definición de tales objetos deberá dar cuenta de este carácter de los mismos. De otra parte, el mundo externo es múltiple, y no resulta posible estudiarlo sin efectuar una elección entre los hechos. Estos dos aspectos serán examinados al estudiar la estructura de las definiciones de Geiger.

Consideres en cuanto el autor escribe en los *Vorstudien*: "Me propongo elaborar, en este estudio, un concepto de derecho entendido como fenómeno social, que sea claramente determinado y unívoco"[128]. Como hemos visto, este concepto es una "tipo o conceptual", que sirve para orientarse en la "diversa multiplicidad de los fenómenos concretos". Paul Trappe concluye a partir de éstas indicaciones que Geiger, al igual que Max Weber, ópera con el método ideal-tipológico[129]. Veamos este problema más de cerca. Empecemos entonces con establecer de qué manera el método es aplicado efectivamente, por ejemplo en la definición del ordenamiento jurídico. Los requisitos de la definición son enumerados como sigue: comprensividad, no contradictoriedad, especificidad, posibilidad de incluir la noción así obtenida en un *genus proximum*. De pasada, señalemos que según Geiger la definición, en la medida en que es comprensiva, será semejante a aquellas con las que operan los historiadores del derecho. En efecto, la noción de Geiger es afín a la que propone Hermann U. Kantorowicz en un escrito que estaba destinado a introducir una obra colectiva de historia del derecho[130]. Como hace notar Norberto Bobbio, también la definición de Kantorowicz es obtenida mediante el procedimiento clásico del *genus proximum* y de la *diferencia*

---

128 *Vorstudien*, cit., p. 43.

129 Trappe, *Die Rechtssoziologie Geigers*, cit., p. 236.

130 H. Kantorowicz, *La definizione del diritto*, Torino, Giappichelli, 1962.

específica[131]. En breve, para Geiger el ordenamiento lírico pertenece al género ordenamiento social, y presenta algunos rasgos particulares que constituyen su especie. El análisis subsiguiente tendrá la función de analizar los elementos de esta noción conscientemente hipotética, y el esquema conceptual así elaborado servirá como referencia para la investigación empírica.

En cuanto al tipo ideal de Max Weber, "este es tenido mediante la situación unilateral de uno o algunos puntos de vista, y mediante la conexión de una cantidad de fenómenos particulares difusos y discretos, existentes aquí en mayor y allá en menor medida, y en veces también ausentes, correspondientes a aquellos puntos de vista unilateralmente traídos a la luz, en un cuadro conceptual en sí mismo unitario"[132]. "Utilizado con prudencia, dicho concepto presta sus servicios específicos confines de investigación y de ilustración"[133].

En conclusión, es verdad que tanto la definición de Geiger como el tipo ideal son instrumentos de investigación: desde este punto de vista la similitud se sostiene. Sin embargo, al parecer Max Weber se refiere a un tipo ideal ligeramente diferente. La definición *"per genus proximum et differentiam specificam"* delimita un ámbito de fenómenos entre los cuales se mueve la investigación, pero no dice nada sobre el objeto investigador. Piénsese, en cambio, en tipos ideales como los de comunidad y sociedad. Estos son, como ha señalado Renato Treves, "modelos explicativos"[134]. Tönnies hablar de "vida real orgánica", de voluntad que emana de los cálidos impulsos del corazón.

A manera de confirmación, puede aludir sé aún estudio de Carl Gustav Hempel dedicado al método tipológico[135]. Hempel afirma ante todo que, no sólo del estatus lógico del tipo ideal, sino también las pretensiones metodológicas respectivas exigen una reelaboración, que le

---

131   Ibíd., cfr. la nota de N. Bobbio en la introducción, p. 11.

132   Weber, Il *metodo delle scienze storico-sociali*, cit., p. 108.

133   Ibíd., pp. 108 y 109.

134   F. Tönnies, *Comunità e società*, R. Treves (introd.), Milano, Ediz. di Comunità, 1963, p. XVIII.

135   C.G. Hempel, "Typologischen Methoden in den Sozialwissenschaften", en *Logik der Sozialwissenschaften*, cit., pp. 85 a 103.

ponga remedio a la poca claridad y rigor de aquello que, en esta materia, había sido afirmado por Weber y por otros. Así entonces, Hempel distingue entre tipos clasificatorios (obtenidos con el procedimiento de la generalización), tipos extremos (tipos grosso, o bien conceptos-límite) y, por último, tipos ideales. Los primeros dos casos mencionados son formas diferentes de clasificación. El tercero es el que más se aproxima al modelo weberiano. Hempel señala que el tipo ideal en esta última acepción no es un concepto sentido propio, sino un sistema teórico. Por consiguiente, no debe ser construido sobre la base de una idealización "intuitiva", sino que exige que sean satisfechas las siguientes condiciones: a) se debe establecer una serie de propiedades, de las que se ocupe la teoría; b) se debe formular una serie de hipótesis acerca de tales propiedades; c) se debe introducir en términos empíricos tales propiedades; d) se debe formular el tipo ideal como "caso especial" de una teoría general (Hempel trae el ejemplo de la ley del gas ideal). Sólo bajo estas condiciones el tipo ideal se convierte en un instrumento útil para una sociología que quiera ser científica. En el lenguaje de Hempel, entonces, la definición de Geiger pertenecería al tipo clasificatorio.

CAPÍTULO DECIMOQUINTO

Aplicabilidad de tales definiciones en la investigación empírica

A continuación intentaremos ver de qué manera Geiger llega a definir el derecho en términos de realidad. Si tenemos presente que para Geiger "real" significa sobre todo "conocible", podemos afirmar que la primera exigencia consistirá en que los objetos se han definido de manera tal que la definición remita a un procedimiento que permita obtener el conocimiento empírico del objeto. Tal exigencia es satisfecha por la definición operacional que "dice aquello que se debe hacer y aquello que se debe observar para establecer la verdad de un enunciado"[136]. Por ésta razón es importante la definición de la obligatoriedad de la norma, que es precisamente de tipo operacional[137].

Se recordará que según Geiger la obligatoriedad de la norma está expresada una relación cuantitativa, entre el número de los casos en que la norma es observada o la transgresión es castigada, y la totalidad de los casos en que se verifica la situación típica contenida en la fórmula de la norma, es decir $v = e/s$. Como es obvio, en caso de la validez de la norma, $v = 1$. En principio, dicha definición se mantiene también en relación con la norma jurídica. De ello resulta que la definición, al menos en teoría, contiene la posibilidad de su comprobación empírica. Sin embargo, se plantean dos importantes problemas. El primero surge de la naturaleza misma de la definición operacional. Como dice Gustav Bergmann, el operacionalismo es solamente "una nota al margen de un problema que ha suscitado mucho interés, y ha sido afrontado por muchos filósofos, después de que Locke distinguiera las representaciones simples respecto de las complejas"[138]. En otras palabras, la definición operacional no dice sólo de qué manera se llega a la verificación empí-

---

136 G. Bermann, "Sinn und Unsinn des methodologischen Operationalismus", en *Logik der Sozialwissenschaften*, cit., p. 106.

137 Cfr. H. Albert, "Theodor Geigers 'Wertnihilismus'", cit., p. 93.

138 Bergmann, cit., p. 104.

rica de aquello que es definido, mas no nos dice nada sobre ese aquello. En nuestro caso, además, no estará de sobra preguntarnos también si es verdad que la definición de Geiger nos permite llegar a dicha verificación o, si se quiere, medición, de dentro de qué límites aquella de Geiger es efectivamente una definición operacional. El primero. Es complejo en razón de las numerosas implicaciones con la problemática de la teoría de la ciencia. En cualquier caso se puede decir que en una ciencia empírica el significado de una definición está constituido por la posibilidad de elaborar con ella teorías válidas. En otros términos, no es posible verificar o falsar analíticamente un modelo, pero "en cambio es esencial tratar de expresar las proposiciones obtenidas de la utilización de los modelos en términos que permitan su verificación objetiva según las reglas generales de la ciencia"[139].

Examinemos ante todo el primer punto. Si bien hasta ahora no hayan sido formuladas teorías propiamente dichos, en las que se haya utilizado la noción geigeriana de norma, disponemos de una investigación en la que la definición distintiva de obligatoriedad encuentra utilización. Se trata de un estudio de Spittler sobre el mecanismo de la sanción fundado en dos investigaciones de campo: la primera en la cocina de un restaurante, la segunda en una clínica psicosomática[140]. Ante todo, el autor de la investigación afirma que "en una situación nueva debemos como primera medida observar el comportamiento para poder plantear a continuación preguntas acerca de las normas"[141], y declara que su análisis descansa, esencialmente, en observaciones. Como bien sabemos, la aproximación comportamentista de Geiger es semejante, al identificar el contenido de la norma en un modelo de comportamiento observable. Con el mismo método, Spittler intenta establecer si determinada uniformidad es o no una norma. Una vez constata un comportamiento regular, su atención se concentra en las eventuales desviaciones y sanciones. No procede, es verdad, a relieves/relevaciones estadísticas con miras a determinar el grado de obligatoriedad de las normas. Sin embargo, se ha de observar

---

139 A. Inkeles, *Introduzione alla sociologia*, Bologna, Il Mulino, 1967, p. 80.
140 Spittler, *Norm und Sanktion*, cit.
141 Ibíd., p. 21.

que, por una parte, la expresión en forma matemática no es consustancial a la definición de Geiger, si bien este atribuía cierta importancia a los procedimientos de cuantificación. De otra parte, el hecho de que Spittler no haga uso de este método, a no ser que demuestre su utilidad, no demuestra tampoco lo contrario.

Spittler llega a varias conclusiones interesantes, sobre las cuales desafortunadamente no es posible detenerse. Saludamos un sólo una, que responde de manera indirecta a una crítica que el jurista alemán Bernhard Rehfeldt le dirigió a Geiger[142]. Según este autor, el sistema de Geiger reposaría en una inadecuada restricción del campo real, exigiría demasiado del behaviorismo. En otras palabras, Rehfeldt rechaza la definición de norma que atribuye una importancia instrumental a la sanción. Sin embargo, Spittler constata que también las normas "interiorizadas", en caso de que las infracciones no serán castigadas, pierden su fuerza de sugestión moral. La observación tiene un ámbito de validez muy circunscrito: pese a ello, dentro de su limitadísimo alcance, es un argumento en favor de la teoría de Geiger. El problema ciertamente no se encuentra resuelto, pero lo dicho constituye una prueba adicional de la esterilidad de críticas puramente conjeturales a los métodos de trabajo científico, así como de la oportunidad de buscar los métodos a la luz de los hechos.

Pasemos ahora al segundo problema acerca de la efectiva operacionalidad de la definición de Geiger. En parte, la discusión ha sido desarrollada con anterioridad. Aquí nos ocuparemos en particular de la cuantificación. En otras palabras, intentaremos establecer si efectivamente el grado de obligatoriedad de una norma puede ser "medido" y, por tanto, expresado numéricamente.

Ante todo, Geiger considera que en un agregado social determinada situación es son consideradas típicas. No bastante, como sabemos, sólo en presencia de $s \rightarrow g \rightarrow r$ es posible establecer que $s \rightarrow g$ se ha convertido en el contenido de una norma. Pero, puesto que r no es constitutivo de la norma, un número imprecisado de casos en que la norma ha sido respetada se nos escapan. Esta primera dificultad puede ser superada,

---

142   B. Rehfeldt, "Wertnihilismus", en *Kölner Zeitschrift für Soziologie*, 1953/1954, p. 276.

conviniendo en efectuar la medición en un espacio de tiempo limitado, en el cual la existencia de la norma se encuentre establecida. La dificultad sin embargo resurge cuando la norma impone un "tabú", es decir cuando permite cualquier comportamiento, exceptuado t[143]. ¿Cómo es posible contar los casos en que la situación típica se ha verificado? En este caso, parece razonable afirmar que la situación típica no es tanto aquella en que la norma es observada, sino que consiste precisamente en el caso de transgresión. Pero esta afirmación conduce a consecuencias que Geiger no ha hecho explícitas. Si, en efecto, la norma realmente obligatoria es aquélla secundaria, que establece la sanción en caso de transgresión, ¿qué contenidos de realidad se puede atribuir a la norma primaria, que establece la prohibición? Dicha norma primaria será un antecedente hipotético de la prohibición, ¿pero cómo se puede considerarla un comportamiento observable? Desde sudista realista debemos concluir con Alf Ross que en caso de norma prohibitiva "el verdadero contenido del derecho consiste en una directiva orientada al juez según la actual éste debiera, en determinadas condiciones, infligir una pena"[144].

En general, las normas que establecen prohibiciones difícilmente pueden ser instaladas con los mismos instrumentos conceptuales con los que la sociología jurídica de Geiger propone estudiar las normas *tout-court*. La definición de Geiger parece más adecuada para normas del tipo: "el empresario que ejerce una actividad comercial debe llevar el libro diario y el libro de inventarios" (art. 2214 código civil).

Es preciso decir que tal objeción es sumamente bizantina; puesto que los casos de inefectividad son aquellos en que la transgresión no es castigada, y los casos de transgresión se pueden establecer positivamente, las cosas no cambian mucho, desde un punto de vista práctico, y el grado de obligatoriedad es expresado por la relación entre número de transgresión es castigadas y el número total de transgresiones. Lo cual no altera la sustancia de la fórmula de Geiger. No obstante, modifica su forma, y por ello nos ha parecido oportuno hablar de este problema. Desde un punto de vista teórico, subsiste la dificultad de expresar en

---

143   *Vorstudien*, cit., p. 49.
144   Ross, *Diritto e giustizia*, cit., p. 35.

términos empíricamente verificables el comportamiento conforme a una prohibición, que Geiger no parece haber contribuido a resolver.

Consideremos ahora la hipótesis de una norma contentiva de un precepto positivo, por ejemplo la obligación de cumplir determinados deberes tributarios. En este caso parece que el procedimiento de medición propuesto por Geiger es perfectamente aplicable. Resulta espontánea la siguiente objeción: si la cuota de inefectividad de la norma es igual, por ejemplo, al 10%, y se constata que de dicha cuota hacen parte todos los contribuyentes con ingresos más elevados, las conclusiones que habrá que extraer serán sin embargo muy diferentes de aquellas que nos sugeriría una distribución uniforme de los casos de inefectividad entre todas las categorías de contribuyentes. Tal objeción está dirigida sólo aparentemente contra la posibilidad de cuantificar la obligatoriedad. En cambio, arroja luz sobre la exigencia, que podría ser impuesta por los intereses de la investigación, de diferenciar la esquemática fórmula $v = e/s$ teniendo en cuenta otras variables, como ejemplo la pertenencia del transgresor a una determinada clase de sujetos, etc. con ello, regresamos al problema antes mencionado del "significado", es decir de la fecundidad de la definición geigeriana de norma. Desde este punto de vista del esquema de la obligatoriedad es acaso demasiado esquemático. Pero lo mismo se podría decir de la sanción.

Geiger considera sólo la sanción en la forma imprecisada de un "daño" jurídico. La reacción del ordenamiento social, a su vez, se distingue sólo según desea realizada por el directo interesado o por el público en su conjunto. También a este respecto las investigaciones de Spittler nos enseñan cosas interesantes. En particular, éste demuestra que el abstenerse de la sanción puede tener efectos positivos para el control social, en cuanto si tuvo al transgresor en una oposición debitoria, que influye en su conducta, haciendo la más disciplinada.

En general, se puede decir que el instrumento conceptual que Geiger nos proporciona está ciertamente destinado a ampliarse y diferenciarse en el ámbito de la investigación empírica. Sin embargo, los conceptos clave han resistido, hasta ahora, la prueba de los hechos.

Una última observación sugerida por los resultados de una investigación[145] conducida por Hubert Schorn, de la que resulta que las sentencias emitidas por los tribunales alemanes en el período 1933-1945 son sólo en una medida mínima contrarias al derecho y favorables a una sustancial conformidad con la ideología nacional socialista, es decir que los conflictos entre derecho e ideología habrían sido resueltos en favor del primero. En el lenguaje de Geiger, normas contrarias a la ideología dominante han seguido teniendo un alto grado de obligatoriedad. La conclusión parece paradójica y capaz de poner en duda la utilidad de una determinación meramente *cuantitativa* de la obligatoriedad. Sin embargo, es suficiente reflexionaron momento, para percatarse de que la constatación de Schorn no prueba nada contra la efectiva incidencia del nazismo en la sociedad alemana. En efecto, el derecho no es sino *una* de las formas de control social[146]. Sólo poniendo en relación los resultados de la investigación con la incidencia relativa del derecho y de otras formas de control social (presión psicológica, represión policiaca, etc.) es posible saber algo acerca del peso del nazismo en la vida alemana. No se debe olvidar, en efecto, que el estado no coincide con el ordenamiento jurídico. Este último supone una instancia judicial que *se diferencie* institucionalmente del poder político. De otra parte, maravillar sede de los resultados de la investigación de Schorn significa atribuir al concepto de obligatoriedad un contenido que le es ajeno. El grado de obligatoriedad de una norma es relativo a los términos extremos de obligatoriedad completa, o nada. Pero no prejuzga la cuestión de la efectiva validez de otras normas, acaso no jurídicas, que podrán hacer vana, en los hechos, la operatividad de las primeras.

Ya hemos observado que las preocupaciones empíricas de Geiger encuentran su expresión más eficaz en el análisis del ordenamiento social, mientras sus reflexiones sobre los problemas jurídicos en el verdadero

---

145 H. Schorn, *Der Richter im dritten Reich*, Frankfurt, Klostermann, 1959.

146 Sobre la simultánea vigencia de formas jurídicas "legítimas" y formas de dominio típicas del nacional-socialismo, y sobre el efecto multiplicador de opresión de dicha coexistencia, se dispone ahora del formidable documento "psicológico-sociológico", pero ante todo eminentemente humano, constituido por los diarios de Victor Klemperer (*Quiero dar testimonio hasta el final – Diarios 1933-1945*, Barcelona, Galaxia Gutenberg/Círculo de Lectores, 2003) (nota del trad.).

sentido de la palabra, tienen acentos diferentes. No tanto porque en esta segunda fase de su trabajo era actor abandone el método analítico anteriormente aplicado, como por una cuestión de hecho: el instrumento conceptual de Geiger, mientras se demuestra un hotel en las investigaciones relativas al ordenamiento social, a parece inadecuado para el estudio de la realidad del ordenamiento jurídico. Desafortunadamente no es posible formular más que conjeturas más o menos verosímiles en cuanto no existen resultados de investigaciones empíricas que permitan valorar la utilidad de los esquemas de Geiger.

La dificultad principal es la siguiente: como sabemos, las normas jurídicas subyacentes son concebidas como una masa que se modifica ininterrumpidamente, a la que cada sentencia agrega o quita algo. De otra parte, el cálculo de la obligatoriedad presupone un núcleo normativo "estable", al menos en un período de tiempo determinado. De otra manera no es posible cuantificar ni hacer ningún tipo de suma, en cuanto tales operaciones pueden hacerse sólo entre unidades idénticas. En cambio, aquello que es estable en el ordenamiento jurídico es la proposición normativa, a la que no compete ninguna validez. Nos encontramos entonces en un impasse. Aquello de lo que se puede medir la obligatoriedad es algo que, por definición, no es obligatorio. Y aquello que es realmente obligatorio se sustraer a la medición. La prueba de que este dilema no es sólo una lejana posibilidad se encuentra en el hecho de que en la investigación de Schorn, en donde se llega a un cálculo de la obligatoriedad, tal resultado es alcanzado operando con nociones como la de sentencia contrarias al derecho, nociones que Geiger considera inadmisibles.

Para salir del dilema es necesario formular, para la norma jurídica, una específica definición de obligatoriedad. En efecto, que la norma obligatoria sea aquella creada por la jurisprudencia parece difícil de objetar, si se acepta la concepción geigeriana del ordenamiento jurídico.

CAPÍTULO DECIMOSEXTO

Análisis del concepto de interdependencia social

Pongamos ahora de relieve un aspecto característico, aparentemente exterior, del libro de Geiger, que ciertamente atrae, a primera vista, la curiosidad del lector. Se trata del uso de símbolos, de los que en la parte expositiva presentamos los más importantes. Como también ha sido señalado por Eugène Fleischmann[147], dicho símbolos no tienen una importancia decisiva como instrumento de explicación, es más, tal vez no tengan ninguna. Geiger declara que los utiliza con el fin de obtener máxima precisión conceptual y constancia en el significado de los términos[148]. Posteriormente[149] citará a la escritura simbólica de los *Vorstudien* como un intento de lenguaje libre de contenidos ideológicos. En realidad del simbolismo sirve a Geiger sobre todo en la primera parte de los *Vorstudien*, en donde intenta construir una noción unívoca, explícita y no contradictoria de norma. Por razones de síntesis, en la parte expositiva no pudimos presentar en todas sus fases el discurso de Geiger; ahora, en cambio, es necesario advertir que Geiger construye el modelo $(s \rightarrow g)_v$ con un procedimiento riguroso, declarando explícitamente todos los poblados requeridos por su hipótesis de norma. El primero torturado es el de la interdependencia social. El segundo es el de la coordinación de los comportamientos se asume, entonces, que el comportamiento desviado provoca una reacción. Hasta aquí es posible seguir a Geiger sin objeciones y suponer con el que la desilusión de la expectativa comporta una reacción, en cuanto se ha interrumpido la cadena de los comportamientos previsibles y, por ende, coordinados. Más allá de esta fase, sin embargo, el discurso geigeriano parece presentar una fractura. La fractura consiste en el concepto de reacción. En efecto,

---

147 E. Fleischmann, "L'oeuvre de Theodor Geiger", en *Archives européennes de sociologie*, vol. 4, 1965, p. 331.

148 *Vorstudien*, cit., p. 46.

149 En *Ideologie und Wahrheit*, cit.

descrita la secuencia $(s \rightarrow g)_v + (s \rightarrow \bar{g}) \rightarrow r$, Geiger concluye que la norma plantea una alternativa a la gente: cumplimiento del precepto o bien su aportación de las consecuencias dañosas (r). Cabe observar sin embargo que, a fin de que la reacción sea verdaderamente tal, se requiere que en el grupo se sepa por anticipado que es considerado nocivo por los asociados. Es claro en efecto que en el caso de que en un grupo, por absurdo, cada miembro decidiera valores brutalmente autónomos e ignorados por los demás, no sería posible concebir a priori una reacción: se podría producir una situación en la que, a un sádico, se le contrapusiera un masoquista. De otra parte, la noción de interdependencia que Geiger nos proporciona implica solamente que los comportamientos deben coordinarse. No impliquen cambio que exista una adhesión común a ciertos valores, y por tanto la posibilidad de imaginar sanciones. En el caso de la hipótesis de la transgresión, no basta con hipotizar sus consecuencias, sino que se deben explícitar las condiciones que hacen posibles tales consecuencias. La crítica que se acaba de formular puede parecer bizantina. Pero parece necesario poner en evidencia la laguna, porque la misma espera una respuesta que, con toda probabilidad, Geiger habría podido proporcionar, pero que no ha formulado y cuya ausencia es preciso señalar.

La crítica es además diferentes de aquella que Rehfeld[150] dirige a los *Vorstudien*. Segunda Rehfeld, la reducción de la obligatoriedad a la alternativa entre conformidad y sanción significa afirmar que el único motivo que induce a los asociados a obedecer a las normas es el miedo. Y ello contradiría lo declarado por Geiger en los *Vorstudien*, es decir su propósito de no ocuparse de las representaciones que acompañan el comportamiento conforme o disconforme del agente; con el inconveniente, además, de tomar en consideración una sola representación: el temor a la pena, que no esta dicho que sea a lo más importante. La crítica no parece fundada, por qué, como resulta claro en los *Vorstudien*[151], Geiger, en la construcción de su hipótesis de normas, prescinde del problema de la motivación. No intenta, en ese ámbito, explicar los motivos por los que

---

150 Rehfeld, Ob. cit., p. 275.
151 *Vorstudien*, cit., p. 81.

162

la gente se conforma a la norma. En efecto, a dicha cuestión se refiere por separado al hablar del mecanismo de control.

Por la misma razón no parece exacto el señalamiento de Albert[152], según el cual Geiger le confiaría la todo desorden sólo a la sanción, sin tener en cuenta los incentivos, o premios sociales, que pueden constituir un motivo aún más decisivo del comportamiento conforme. En realidad Geiger se limitó a construir un modelo de norma que le parecía útil para la investigación. En cuanto tal, un modelo no excluye otros, y de su respectiva utilidad el único juez es la investigación, en sus intereses, en sus resultados.

El aspecto más problemático de los *Vorstudien* reside sin embargo el rechazo de someter a examen las representaciones. El hecho de que se pueda circunscribir el alcance de los enunciados de Geiger de manera de darse razón de tal rechazo, no impide que el problema subsista el que merezca unas palabras. Geiger usa el término representación en un significado muy amplio, con referencia a todos los procesos psíquicos. Entre éstos tienen relieve aquellos que se suele denominar "valores". Siguiendo el curso de un empirismo que en el curso de los años se ha ido radicalizando, Geiger piensa que también los valores son procesos en extremo análisis individuales, como lo atestigua su rechazo de "noo-logizar" las ideologías; también las ideologías son, en el fondo, procesos psíquicos atribuibles a los individuos, lo que no prejuzga, como es obvio, el problema de su difusión y de las eventuales relaciones entre dicho proceso y otros fenómenos sociales. Hay una fractura decisiva, a este respecto, entre el período alemán de Geiger y el período posterior a la emigración. Basta pensar en lo que Geiger escribía en 1926 en *Die Masse und ihre Aktion*[153]. La psicologización de la ideologías o, en general, de las estructuras colectivas de pensamiento, conduce a Geiger a ignorar una serie de problemas que, por el contrario, no parecen carentes de interés. Es significativo que Geiger defina enigma inexplicable el

---

152 Albert, Ob. cit., pp. 98 y 99.

153 Geiger, *Die Masse und ihre Aktion*, cit., p. 9: "Este radicarse del Yo en el Nosotros lo expre-samos de la siguiente manera: la comunidad es la unión en su esencia, es decir en la medida en que las personalidades de los miembros que la componen son unitariamente determinadas por el Nosotros".

de la formación de determinadas situaciones críticas en un grupo. No corresponde establecer en este lugar si el problema puede ser resuelto. Es preciso subrayar sin embargo que con los instrumentos empíricos de que se sirve Geiger no es posible se quiera plantearlo. Cuando Geiger dice que en términos como el de conciencia de clase, y semejantes, son metáforas, dice una cosa exacta, pero no se deben olvidar que ello no dice nada acerca de la eventualidad de que tales metáforas desempeñen una función útil para el conocimiento. Tal vez sea igualmente por el hecho de no querer utilizar tales metáforas que Geiger no se preocupa por preguntarse por qué, en un grupo social, ciertas normas son respetadas, sino que se limitó a proporcionar los instrumentos que permitan establecer si de hecho las normas son respetadas, y en qué medida ello ocurre. Sin duda, Geiger es coherente, y no le pide a sus instrumentos conceptuales más de lo que éstos pueden dar. Nos podemos preguntar, no obstante, si para la sociología del derecho es oportuno preguntar sólo aquello que la sociología jurídica de Geiger ofrece. Wolfgang Kaupen, por ejemplo, en su ensayo ya citado, no lo considera suficiente y construye modelos en donde considera formas de motivación típica para ponerlas en correlación con formas correspondientes de estructuras normativas[154].

Ya se ha dicho que el primer postulado sobre el que Geiger construye su teoría es la interdependencia social. Es oportuno aclarar que para Geiger tal concepto no es un mero expediente verbal con el cual poner por fuera del análisis todas las cuestiones que él considera que no puede resolver con su método. Con el término *"soziale Interdipendenz"* Geiger entiende algo relativamente preciso: es decir "una condición fáctica para la existencia de los miembros del grupo que, como tal, ópera con independencia del hecho de que los miembros del grupo se formen una representación vital de dicha relación"[155].

Es bastante difusa, entre los estudiosos de la sociedad, la tendencia a presuponer una estructura elemental respecto de la cual todos los demás fenómenos sociales puedan ser vistos como variables dependientes: piénsese en la ideal del estado de naturaleza, en la teoría marxiana de

---

154 Kaupen, Ob. cit., pp. 124 y 125.
155 *Vorstudien*, cit., p. 84.

las relaciones de producción como determinante de las demás formas de vida social. Más cercana a nosotros es la teoría de las necesidades elementales de Bronislaw Malinowski[156]. Theodor W. Adorno y Max Horkheimer escriben, en sus lecciones de sociología[157], que "la sociología deviene crítica de la sociedad en el momento mismo en que no se restringe a ponderar las instituciones y los procesos sociales, para confrontarlos en cambio con este sustrato". Como es obvio, el postulado asume las diversas doctrinas formas y funciones diferentes, pero ciertamente no es éste el lugar para entrar en detalles. No obstante, se puede afirmar que este postulado posee, en las obras de los grandes pensadores, dos significados fundamentales que se excluyen, no porque sean contradictorios, sino en cuanto reposan en dos planos diferentes. El primero es expresado en la mejor de las maneras por Rousseau en un célebre fragmento del *Discurso sobre el origen de la desigualdad entre los hombres*: "Pero es preciso considerarlos razonamientos hipotéticos y condicionales, más apropiados para aclarar la naturaleza de las cosas que para mostrar su origen real"[158]. El segundo significado, del que da testimonio la obra ya citado de Malinowski, pretende en cambio una validez histórica. Existen elementos que permiten colocar el concepto de interdependencia social en la segunda categoría. Geiger considera que la interdependencia social es un hecho y controvertible de la experiencia común. El hombre no puede ser pensado sin el grupo social, y el grupo está constituido por la misma interdependencia de sus miembros. Sin embargo, no es muy claro en qué consisten las "condiciones fácticas" de que habla Geiger. La única cosa cierta es que de ellas no forman parte las representaciones. La opinión es objetable y, en efecto, ha sido contestada por el etnólogo Mühlmann, según el cual las "ideologías" pueden tener una importancia vital para los individuos, es decir ser condiciones de hecho propiamente dichas. La mejor prueba de que para Geiger la interdependencia social no es una hipótesis interpretativa, sino que ex-

---

156 Malinowski, Ob. cit., pp. 82 ss.

157 *Lezioni di sociologia*, Adorno y Horkheimer (eds.), cit., p. 36.

158 J.-J. Rousseau, "Discours sur l'origine de l'inégalité parmi les hommes", en *Du contrat social*, Paris, 1962, p. 40.

presaba un dato real, es proporcionada por su explicación genética del nacimiento del ordenamiento social. Recuérdese que Geiger da crédito a una teoría formulada por Richard Semon, según la cual en el hombre está ínsita una tendencia a la repetición. De qué manera dicha tendencia conduce a la constitución de modelos de comportamiento, y entonces de normas, se ha visto en la parte expositiva. Aquello que importa es el hecho de que Geiger base su explicación en una teoría estrictamente científica. Que hoy en día a esta teoría haya sido completamente olvidada no cambia en nada el significado del llamado. Como apoyo ulterior a lo que se dicho, se puede subrayar que Geiger, para demostrar el valor de la teoría adoptada, refiere también de ciertos experimentos por el desarrollados sobre el comportamiento animal[159].

Regresando ahora al discurso anterior, es todo menos pacífico afirmar que la interdependencia social nace de condiciones fácticas. Es ésta una toma de posición en favor de un preciso método de estudio del hombre, como se ha dicho respecto del método behaviorista. Además, tomada en sentido absoluto, la afirmación permite ser refutada con una simple pregunta: ¿en qué punto de la historia el hombre pasa del estudio de las meras condiciones fácticas a aquel en donde es producto y productor de cultura? Es probable, no obstante, que se puede entender la opinión de Geiger en un sentido más relativo y por ende más aceptable: las condiciones fácticas que determinan la interdependencia social no sólo una situación que se presenta de una vez por todas en el momento del nacimiento de la sociedad; ellas constituyen en cambio el fondo de exigencias común a un grupo social, en el que no hay ninguna disparidad de opiniones, y que permiten, en un determinado momento, la supervivencia del grupo. Para dar un ejemplo, en una ciudad caracterizada por la densa circulación vehicular, es una exigencia indiscutida que, mediante agentes, señales luminosas otras, el flujo de vehículos sea regulado. En este sentido, las condiciones fácticas pueden ser concebidos como juicios condicionales, relativas a relaciones entre medios y fines[160].

---

159 Cfr. *Vorstudien*, cit., p. 113, nota.
160 En sentido análogo, Kaupen, Ob. cit., p. 119.

Así entendido, el concepto de interdependencia social pierde mucho de su matiz histórico. Ello permiten hacer una precisión, con la que se limita el alcance de cuanto, en una primera aproximación, se dicho más arriba. Se trata, en otras palabras, de distinguir desde un punto de vista diferente de las grandes hipótesis explicativa de la historia humana. Algunas de ellas (piénsese en las especulaciones que cobraron inicio con los descubrimientos de Sigmund Freud, o bien en la génesis de la moral en el pensamiento de Nietzsche) buscan identificar ciertas manifestaciones de la vida individual (instintos, tendencias de desarrollo, etc.), que son consideradas síntomas de caracteres universales del hombre, y de esta manera son puestas en relación con una presunta evolución de la especie. De esta manera se logra dar significado a la historia (por medio del hombre) y al hombre (por medio de la historia). De esta función explicativa deriva el carácter típico-ideal de tales hipótesis.

El concepto de interdependencia social en Geiger tiene una función mucho más sobria. Si, de un lado, en efecto, pretende designar un dato de hecho, del otro éste dato de hecho es fatal. Indiferenciado y formal que no perjudica de manera alguna la teoría que lo elija como punto de partida. Se trata de un postulado aún más genérico que las "necesidades elementales" de Malinowski.

CAPÍTULO DECIMOSÉPTIMO

El problema de la interpretación

Las páginas que Geiger dedica al problema de la interpretación se encuentran entre las más sugestivas. En ellas no actúa tanto una intención inmediatamente empírica como una acentuada preocupación crítica. El autor intenta disipar las nieblas ideológicas que esconden, a los ojos de los juristas, la realidad de la función del juez y, correlativamente, de la ley. Su crítica es eminentemente polémica. Es decir, se define respecto del dogma que ve en el juez un mecánico, infatigable productor de silogismos. Hay una fractura entre la norma y la sentencia. No tiene sentido ver un nexo lógico entre un enunciado y un hecho. Por tanto no es lícito establecer nexos de coherencia entre el hecho y la norma. La noción misma descendencia errónea es rechazada, en cuanto un criterio de verdad formal es aplicable al discurso, y también al aspecto discursivo de las normas, mas no al hecho. La decisión del juez es un hecho y, como tal, está sujeta a un juicio empírico de existencia, pero la valoración que de él se haga, también en la forma engañosa de la apreciación científica de erroneidad, es y sigue siendo la manifestación de una preferencia, de una toma de posición, y no será nunca un juicio teorético. Si todo ello es cierto, ¿qué función puede reconocerse a la ley? Como se ha visto, la ley es un punto de referencia conceptual. También en estos límites, sin embargo, la ley no dispone de una fuerza obligatoria inherente a ella. Tiene sólo una probabilidad, más o menos alta, de orientar la decisión del juez. Ha sido a propósito queremos sintetizado las ideas de Geiger de la manera más radical. Las mismas no encuentran confirmación ni tan siquiera en un realista convencido como Alf Ross. En su por lo demás profundo análisis del problema de la interpretación[161], Ross dada por descontado que las normas orientan la decisión del juez, y pasa sin más a estudiar las formas en que dicha relación se instituye (problemas de interpretación). Ciertamente Ross no caen en el ingenuo dogmatismo de

---

161 Ross, Ob. cit.

quien considera que las normas están dotadas de la intrínseca fuerza de hacerse respetar, y pone de relieve su función simbólica. Pero tal función es considerada un elemento constante de la norma. Aquello que, en cambio, hace sugestivo el análisis de Geiger, es el hecho de que este ponga en cuestión precisamente la existencia de tal relación constante entre norma y decisión, con independencia de la forma que pueda adoptar la relación. Las aserciones de Geiger parecen responder a las exigencias de una lógica correcta y, como tales, parecen irrefutables. En particular, el presupuesto sobre el que se fundan, es decir que las normas no son idénticas a la decisión del juez, sino que entre los dos términos hay una relación de alteridad, parece sin duda aceptable. Posibles dificultades surgen en cambio si insertamos la crítica de Geiger en el más amplio contexto de sus reflexiones. Geiger excluye que la ley constituya una norma subsistente, por tanto un modelo de comportamiento, no tanto porque su forma verbal se le impida, como porque la proposición verbal es sustraída al juego del mecanismo jurídico, carece del necesario atributo de obligatoriedad. Recordando la manera como la obligatoriedad ha sido definida, se debe concluir que sólo la norma aplicada por el juez es más o menos obligatoria. De dicha norma la actividad jurisprudencial es creadora inmediata, si bien se remite a los textos legales.

¿Cómo se presenta entonces el sistema de las normas jurídicas? Evidentemente como una serie de modelo de comportamiento precisados progresivamente por la interpretación. Mientras en el caso de normas sociales se presume que las uniformidades de la vida social sean estables, lentamente forjadas por la tradición, y por tanto se puede distinguir entre forma "latente" y norma hecho manifiesta por la reacción producida, ello no es posible para las normas jurídicas. Ya no es verdad que "la sanción no es constitutiva de la norma, sino que es sólo una prueba de su obligatoriedad". Es verdad exactamente lo contrario.

Por consiguiente, el sistema de las normas jurídicas sería al mismo tiempo inaferrable y limitado. La razón por la que es inaferrable ya la hemos visto con anterioridad. En cuanto a su carácter limitado, no parece que sea el caso de considerar el derecho ha firmado por los tribunales como derecho patológico[162]. El problema es otro: piénsese en las uniformidades de comportamiento que es posible encontrar en la vía económica. En ocasiones reflejan verdaderas normas sancionadas, por ejemplo, con el boicot. Pero, en la medida en que estas normas no tienen ocasión de ser confirmadas por los tribunales, no son normas jurídicas, pertenecen aún ordenamiento más circunscrito. Sin embargo ocurre con frecuencia que dichas uniformidades siguen el destino de la ley. Podríamos incluso decir que la corrección comercial no es otra cosa que legalidad sancionada por el boicot. Entonces podemos preguntarnos si vale la pena dejar estos aspectos por fuera del campo de observación de la sociología del derecho. Es decir, una vez establecido que a la ley no es inherente una fuerza causal que la transforme en un mecanismo de control, falta por establecer si y qué es la ley, efectos puede tener en la vida social. Que se trata de una problemática de interés es demostrado como ejemplo, por los resultados de una investigación de Vilhelm Aubert[163]. Naturalmente ya no será posible contentarse con nociones como la de obligatoriedad. Vendrán a ser útiles modelos del tipo de aquellos ideados por Kaupen en el ensayo citado, en donde se encuentran analíticamente diferenciados diversos componentes de la acción, el decir, en sentido lato, las motivaciones. No es éste el lugar para profundizar en este tema. Pero es preciso decir que sería injusto acusar a la sociología del derecho de Geiger de ignorar estas posibilidades. Nuestro autor propugnaba la aplicación de los métodos cuantitativos en las ciencias sociales; su behaviorismo era acaso un tanto ingenuo. Pero ciertamente no era dogmático. Y esto le permitió escribir que "mientras la meta de una total exactitud permanezca inalcanzable, se deberá utilizar, provisionalmente y con fines integradores, métodos introspectivos. Una exagerada preocupación metodológica no conduce a nada"[164].

---

162 J. Carbonnier, "Le grandi ipotesi della sociologia teorica del diritto", en *Quaderni di Sociologia*, vol. XIV, 1965, p. 281.

163 V. Aubert, "Alcune funzioni sociali della legislazione", en *Quaderni di Sociologia*, vol. XIV, 1965, pp. 313 a 338.

164 Geiger, "Über Soziometrik und ihre Grenzen", en *Arbeiten sur Soziologie*, cit., p. 96.

CAPÍTULO DECIMOCTAVO

Conclusión

Antes de concluir este trabajo será oportuno agregar una nota conclusión, que sin embargo no quiere y no puede ser una valoración de la sociología del derecho de Geiger.

Como ya se ha visto, el análisis de los *Vorstudien zu einer Soziologie des Rechts* ha sido conducido desde el interior, sin proporcionar ninguna suerte de juicios comparativos y sin intentar "situar" históricamente la obra. De una parte, ello habría requerido no sólo un profundo conocimiento de una literatura muy vasta, sino también una visión histórica de la materia que no puede prescindir de la familiaridad con problemas filosóficos que le sirven de telón de fondo, como el neo-criticismo, para Max Weber, o la fenomenología, para Georges Gurvitch.

Le otra parte, no sería fácil "situar" en una perspectiva histórica los Vorstudien, y no sólo por la casi total ausencia de bibliografía relativa al argumento. El mismo Paolo Farneti, que considera a Geiger un continuador de Max Weber, reconoce que el desarrollo de la temática weberiana tiene lugar de manera no consciente[165].

En efecto, si es difícil "situar" a Geiger en la historia del pensamiento, ello depende del hecho de que este nuevo pensador según el significado clásico del término, y probablemente tampoco habría sido de su agrado el ser considerado como tal. Según Geiger, la figura tradicional del intelectual "sacerdote" estaba desapareciendo, y eso lugar estaba surgiendo un profesional que tiene tareas específicas, pero no de calidad más "elevada"[166]. De esta manera también los *Vorstudien* devienen sólo un programa de trabajo con una serie de indicaciones sobre la manera de desarrollarlo. Por consiguiente podremos encontrar en los *Vorstudien* diversos ecos de lecturas hechas, pero no parece que serviría de mucho

---

165   Farneti, Ob. cit., p. 238.

166   Cfr. el ensayo, publicado póstumo, "Der Intellektuelle in der europäische Gesellschaft von heute", en *Acta Sociologica*, I, 1, 1954, pp. 62 a 74.

tratar de identificar todos los hilos que conectan a Geiger con la cultura de su tiempo y con la que lo precedió. En efecto, ello no sería suficiente para insertarlo en una cierta "escuela". Aun suponiendo que subieron identificado todas las matrices espirituales de cada una de sus ideas, no habíamos comprendido el nexo que las une, que es la intención de ser prácticamente útiles para la investigación.

Entonces, también el problema de establecer si los *Vorstudien* son una obra de sociología o bien de doctrina general del derecho se torna, al menos en parte, un falso problema. Ciertamente muchos de las cuestiones tratadas en los *Vorstudien* ocupan desde siempre a los cultores de la filosofía del derecho; conceptos como el de norma, fuentes del derecho, etc., son considerados desde siempre objetos fundamentales de historia de la teoría general del derecho[167]. Pero problema consiste en establecer en función de qué se elaboran tales conceptos. Cuando la elaboración conceptual está dirigida a identificar un objeto susceptible de observación parece poderse decir que nos encontramos en el ámbito de una ciencia empírica de la realidad. En efecto, los análisis de Geiger están dirigidos a construir una noción de derecho a la que corresponda un proceso de control realmente operante en la vida social. En ello hay que ver también el límite de la sociología del derecho de Geiger. Sus estudios se refieren a los efectos del derecho sobre la vida social y a la manera en que el derecho, en cuanto es definido como mecanismo de control, opera. Abierto permanece el problema de los efectos de la vida social sobre el derecho.

---

167 Cfr. Bobbio, *Giusnaturalismo e positivismo giuridico*, cit., p. 46.

BIBLIOGRAFÍA

Advertencia

Se encuentran enumeradas sólo las obras en cita. Para la bibliografía de Theodor Geiger consultar:

AGERSNAP Torben, "Bibliography on Theodor Geiger", in *Acta Sociologica*, vol. I, n. 1, 1956, pp. 80-84.

TRAPPE Paul,

- "Bibliographie" (in *Die Rechtssoziologie Theodor Geigers*, citato più avanti). È divisa in: a) Libri e saggi; b) Recensioni; c) Traduzioni; d) Conferenze (1959).
- "Die Schriften Theodor Geigers", in *Arbeiten zur Soziologie* (citato più avanti), 1962.

Escritos de Theodor Geiger:

1. *Die Schutzaufsicht*, Breslau 1919.

2. *Das uneheliche Kind und seine Mutter im Recht des neuen Staates. Ein Versuch auf der Basis kritischer Rechtsvergleichung*, München, Berlin und Leipzig 1920, XII.

3. "Italiens Aussenhandel nach dem Kriege, in *Wirtschaft und Statistik*, Berlin 1924, pp. 38-40.

4. *Die Masse und ihre Aktion, ein Beitrag zur Soziologie der Revolution*, Stuttgart 1926, VIII. *Ristampa anastatica*, Stuttgart 1967

5. "Die Gruppe und die Kategorien Gemeinschaft und Gesellschaft", in *Archiv für Sozialwissenschaften und Sozialpolitik*, vol. LVIII, Leipzig 1927, pp. 338-374

6. *Die Gestalten der Gesellung*, Karlsruhe 1928.

7 "Zur Theorie des Klassenbegriffs und der proletarischen Klasse", in *Schmollers Jahrbuch*, vol. 54, Berlin 1930, pp. 185-236.

Las voces: "Führung", "Gemeinschaft", "Gesellschaft", "Revolution", "Soziologie", in *Handwörterbuch der Soziologie*, edito da A. Vierkandt, Stuttgart 1931 (ristampa immutata, Stuttgart 1959).

9 "Das Tier als geselliges Subjekt", in *Arbeiten zur biologischen Grundlegung der Soziologie*, I tomo (vol. X, 1 delle Forschungen zur Völkerpsychologie und Soziologie, edito da R. Thurnwald), Leipzig 1931, pp. 283-307

10. *Die Soziale Schichtung des deutschen Volkes, Soziographischer Versuch auf statisticher Grundlage*, Stuttgart 1932 (ristampa anastatica, Stuttgart 1967).

11. *Sociologi, Grundrids og Hovedproblemer*, Kopenhagen 1939

12. "Vorstudien zu einer Soziologie des Rechts", *Acta Jutlandica* XIX, 2, Kopenhagen 1947 Ristampato, con una introduzione ed un'appendice bibliografica di Paul Trappe, per i tipi della casa editrice Hermann Luchterhand, Neuwied am Rhein und Berlin, nel 1964. Le citazioni sono tratte dalla nuova edizione.

13. "Soziometrik und ihre Grenzen", in *Kölner Zeitschrift für Soziologie*, 1948-49, pp. 292-302. Ripubblicato in *Arbeiten zur Soziologie*, pp. 85-97

14 "Den Danske intelligens fra reformationen til nutiden. En studie i empirisk kultursociologi", in *Acta Jutlandica*, XXI, Aarhus 1949.

15. *Aufgaben und Stellung der Intelligenz in der Gesellschaft*, Stuttgart 1949 (ristampa anastatica Stuttgart 1968).

16. "Kritische Bemerkungen zum Begriffe der Ideologie", in *Gegenwartsprobleme der Soziologie, Alfred Vierkandt zum 80. Geburtstag*, edito da G. Eisermann, Potsdam 1949, pp. 141-155. Ripubblicato in *Arbeiten zur Soziologie*.

17 "Soziale Umschichtungen in einer dänischen Mittelstadt", in *Acta Jutlandica*, XXXIII, Aarhus 1951.

18. *Ideologie und Wahrheit, eine soziale Kritik des Denkens*, Stuttgart-Wien 1953.

19 "Der Intellektuelle in der europäischen Gesellschaft von heute", in *Acta Sociologica*, 1954, pp. 62-74.

20. "Die Gesellschaft zwischen Pathos und Nüchternheit", in *Acta Jutlandica*, XXXII, 1, Kopenhagen 1960. Ripubblicato con il titolo: *Die Gesellschaft zwischen Pathos und Nüchternheit*, Szczesny Verlag, München 1963, 2a ed. ivi 1964.

21. *Arbeiten zur Soziologie*. Antologia a cura di Paul Trappe, con numerosi scritti postumi, ed altri difficilmente accessibili. Hermann Luchterhand Verlag. Neuwied am Rhein und Berlin 1962.

Literatura (por brevedad, la *Kölner Zeitschrift für Soziologie und Sozialpsychologie* se indica con la sigla: *KZfSS*)

22. ADORNO Th.W., "Soziologie und empirische Forschung", in *Logik der Sozialwissenschaft*, edito da Ernst Topitsch, 4a ed., Köln-Berlin 1967

23. ADORNO Th.W., HORKHEIMER M., (a cura di) *Lezioni di sociologia* (trad. it.), Torino 1966.

24 ALBERT H., "Theodor Geigers 'Wertnihilismus' Kritische Bemerkungen zu Rehfelds Kritik", in *KZfSS*, 1955, pp. 93 ss.

25. ALBERT H., "Theorie und Prognose in den Sozialwissenschaften", in *Logik der Sozialwissenschaften*, pp. 126-143.

26. AUBERT V., "Alcune funzioni sociali della legislazione", in *Quaderni di Sociologia*, vol. XIV, 1965, pp. 313-338.

27 BALLADORE-PALLIERI G., *Dottrina dello Stato*, 2a ed., Padova 1964.

28. BERGMANN G., "Sinn und Unsinn des methodologischen Operationalismus", in *Logik der Sozialwissenschaften*, pp. 104-112.

29 BOBBIO N., *Giusnaturalismo e positivismo giuridico*, Milano 1965.

30. BOBBIO N., Introduzione a: Kantorowicz, *La definizione del diritto*.

31. CARBONNIER J., "Le grandi ipotesi della sociologia teoria del diritto", in *Quaderni di Sociologia*, vol. XIV, 1965, pp. 267-283.

32. CORRADINI D., *Karl Mannheim*, Milano 1967

33. DAHRENDORF R., *Classi e conflitto di classe nella società industriale* (trad. it.), Bari 1963.

34. FARNETI P (in collaborazione con F. Barbano), "Sociologia del diritto", in *Antologia di scienze sociali*, a cura di A. Pagani, vol. 2: Campi di applicazione della sociologia, Bologna 1963, pp. 403-505.

35. FARNETI P., *Theodor Geiger e la coscienza della società industriale*, Torino 1966.

36. FLEISCHMANN E., "L'œuvre de Theodor Geiger", in *Archives européennes de sociologie*, vol. 4, n. 2, 1965, pp. 329-341.

37 GURVITCH G., *Traité de sociologie*, 2 vol., Paris 1958.

38. HÄGERSTRÖM A., "A. Hägerström", in *Die Philosophie der Gegenwart in Selbstdarstellung*, vol. VII, Leipzig 1929, pp. 111-159.

39 HEMPEL C.G., "Typologische Methoden in den Sozialwissenschaften", in *Logik der Sozialwissenschaften*, pp. 85-103.

40. KANTOROWICZ H., *La definizione del diritto* (trad. it.), Torino 1962.

41. KAUPEN W., "Naturrecht und Rechtspositivismus", in *KZfSS*, 1966, 1, pp. 113-130.

42. KELSEN H., *La dottrina pura del diritto* (trad. it. di Renato Treves), Torino 1963.

43. KNOSPE H., "Geiger, Theodor", in *Internationales Soziologenlexikon*, Stuttgart 1959, pp. 175-179

44. KÖNIG R., "Nachruf: Theodor Geiger", in *Acta Sociologica*, vol. I, n. 1, 1964, pp. 2-9.

45. KÖNIG R., "Die Situation der emigrierten deutschen Soziologen in Europa", in *KZfSS*, 1959, 1, pp. 113-131.

46. INKELES A., *Introduzione alla sociologia* (trad. it.), Bologna 1967

47 MALINOWSKI B., *Teoria scientifica della cultura e altri saggi* (trad. it.), Milano 1962.

48. MANNHEIM K., *Ideologia e Utopia* (trad. it.), Bologna 1957

49   MAUS H., "Bericht über die Soziologie in Deutschland 1933-1945", in *KZfSS*, 1959, 1, pp. 72-99.

50. MENGER K., *Moral, Wille und Weltgestaltung*, Wien 1934

51. MONGARDINI C., *Storia del concetto di ideologia*, Roma 1968.

52. MÜHLMANN W.E., "Recensione dei Vorstudien zu einer Soziologie des Rechts di Th. Geiger", in *Archiv für Rechts- und Sozialphilosophie*, 1957, pp. 132-135.

53. NYMAN A., "Etats scandinaves", in *Les grands courants de la pensée mondiale contemporaine, Panoramas nationaux*, vol. 1, Milano 1958, pp. 373-423.

54   REHFELDT B., "Wertnihilismus? Bemerkungen zu Theodor Geiger. Vorstudien zu einer Soziologie des Rechts", in *Kölner Zeitschrift für Soziologie*, 1953/54, pp. 274-279.

55. ROSS A., *Diritto e giustizia* (trad. it.), Torino 1965.

56. ROUSSEAU J.-J., "Discours sur l'origine de l'inégalité parmi les hommes", in *Du contrat social* (e altri scritti), Paris 1962.

57   SEGERSTEDT T.T., *Gesellschaftliche Herrschaft als soziologisches Konzept* (trad. tedesca), Neuwied und Berlin 1967

58. SCHORN H., *Der Richter im dritten Reich*, Francoforte 1959.

59   SPITTLER G., *Norm und Sanktion, Untersuchungen zum Sanktionsmechanismus*, Olten 1967

60. TIMASHEFF N.S., "Wie steht's heute mit Rechtssoziologie?", in *KZfSS*, 1956, pp. 415-425.

61. TRAPPE P., *Die Rechtssoziologie Theodor Geigers, Versuch einer Systematisierung und kritischen Würdigung auf der Grundlage des Gesamtwerks*. Phil. Diss., Johannes Gutenberg Universität, Mainz 1959

62. TRAPPE P., Introduzione a: Theodor Geiger, *Arbeiten zur Soziologie*.

63. TRAPPE P., Introduzione a: Theodor Geiger, *Vorstudien zu einer Soziologie des Rechts*, Neuwied und Berlin 1964.

64. TREVES R., "La sociologia nel suo contesto sociale", in *Atti del IV Congresso mondiale di sociologia*, a cura del Centro nazionale di prevenzione e difesa sociale e dell'Associazione italiana di scienze sociali, Bari 1959, pp. 190-211.

65. TREVES R., Introduzione a: Tönnies F., *Cominità e società*, Milano 1963.

66. TREVES R., (a cura di), *La sociologia del diritto*, Milano 1966.

67   WEBER M., *Il metodo delle scienze storico-sociali* (trad. it.), Torino 1958.

68. WRIGTH MILL S., *L'immaginazione sociologica* (trad. it.), Milano 1962.

www.ingramcontent.com/pod-product-compliance
Lightning Source LLC
Chambersburg PA
CBHW®80331270326
41927CB00014B/3181